U0456250

大雅

为一种品格注脚

追寻消失的真实

[法] 阿兰·巴迪欧（Alain Badiou）｜ 著

宋德超 ｜ 译

广西人民出版社

目　录

重拾拜德雅之学

1

中国古代，士之教育的主要内容是德与雅。《礼记》云："乐正崇四术，立四教，顺先王《诗》、《书》、《礼》、《乐》以造士。春秋教以《礼》、《乐》，冬夏教以《诗》、《书》。"这些便是针对士之潜在人选所开展的文化、政治教育的内容，其目的在于使之在品质、学识、洞见、政论上均能符合士的标准，以成为真正有德的博雅之士。

实际上，不仅是中国，古希腊也存在着类似的德雅兼蓄之学，即 paideia（παιδεία）。paideia 是古希腊城邦用于教化和培育城邦公民的教学内容，亦即古希腊学园中所传授的治理城邦的学问。古希腊的学园多招收贵族子弟，他们所维护的也是城邦贵族统治的秩序。在古希腊学园中，一般教授修辞学、语法学、音乐、诗歌、哲学，当然也会讲授今天被视为自然科学的某些学问，如算术和医学。不过在古希腊，这些学科之间的区分没有那么明显，更不会存在今天的文理之分。相反，这些在学园里被讲授的学问被统一称为 paideia。经过 paideia 之学的培育，这些贵族身份的公民会变得 "καλὸς κἀγαθός"（雅而有德），这个古希腊词语形容理想的人的行为，而古希腊历史学家希罗多德（Ἡρόδοτος）常在他的《历史》中用这个词来描绘古典时代的英雄形象。

在古希腊，对 paideia 之学呼声最高的，莫过于智者学派的演说家和教育家伊索克拉底（Ἰσοκράτης），他大力主张对全体城邦公民开展 paideia 的教育。在伊索克拉底看来，paideia 已然不再是某个特权阶层让其后嗣垄断统治权力的教育，相反，真正的 paideia 教育在于给人们以心灵的启迪，开启人们的心智，与此同时，paideia 教育也让雅典人真正具有了人的美德。在伊索克拉底那里，paideia 赋予了雅典公民淳美的品德、高雅的性情，这正是雅典公民获得独一无二的人之美德的唯一途径。在这个意义上，paideia 之学，经过伊索克拉底的改造，成为一种让人成长的学问，让人从 paideia 之中寻找到属于人的德性和智慧。或许，这就是中世纪基督教教育中，及文艺复兴时期，paideia 被等同于人文学的原因。

2

在《词与物》最后，福柯提出了一个"人文科学"的问题。福柯认为，人文科学是一门关于人的科学，而这门科学，绝不是像某些生物学家和进化论者所认为的那样，从简单的生物学范畴来思考人的存在。相反，福柯认为，人是"这样一个生物，即他从他所完全属于的并且他的整个存在据以被贯穿的生命内部构成了他赖以生活的种种表象，并且在这些表象的基础上，他拥有了能去恰好表象生命这个奇特力量"[1]。尽管福柯这段话十分绕口，但他的意思是很明确的，人在这个世界上的存在是一个相当复杂的现象，它所涉及的是人在这个世界上的方方面面，包括哲学、语言、诗歌等。这样，人文科学绝不是从某个孤立的角度（如单独从哲学的角度，单

1　米歇尔·福柯：《词与物》，莫伟民译，上海三联书店，2001，第459-460页。

独从文学的角度，单独从艺术的角度）去审视我们作为人在这个世界上的存在，相反，它有助于我们思考自己在面对这个世界的错综复杂性时的构成性存在。

其实早在福柯之前，德国古典学家魏尔纳·贾格尔（Werner Jaeger）就将 paideia 看成是一个超越所有学科之上的人文学总体之学。正如贾格尔所说，"paideia，不仅仅是一个符号名称，更是代表着这个词所展现出来的历史主题。事实上，和其他非常广泛的概念一样，这个主题非常难以界定，它拒绝被限定在一个抽象的表达之下。唯有当我们阅读其历史，并跟随其脚步孜孜不倦地观察它如何实现自身，我们才能理解这个词的完整内容和含义。……我们很难避免用诸如文明、文化、传统、文学或教育之类的词汇来表达它。但这些词没有一个可以覆盖 paideia 这个词在古希腊时期的意义。上述那些词都只涉及 paideia 的某个侧面：除非把那些表达综合在一起，我们才能看到这个古希腊概念的范阈"[1]。贾格尔强调的正是后来福柯所主张的"人文科学"所涉及的内涵，也就是说，paideia 代表着一种先于现代人文科学分科之前的总

---

1 Werner Jaeger, *Paideia: The Ideals of Greek Culture. Vol. 1* (Oxford: Blackwell), 1946, p.i.

体性对人文科学的综合性探讨研究，它所涉及的，就是人之所以为人的诸多方面的总和，那些使人具有人之心智、人之德性、人之美感的全部领域的汇集。这也正是福柯所说的人文科学就是人的实证性(positivité)之所是，在这个意义上，福柯与贾格尔对 paideia 的界定是高度统一的，他们共同关心的是，究竟是什么，让我们在这个大地上具有了诸如此类的人的秉性，又是什么塑造了全体人类的秉性。paideia，一门综合性的人文科学，正如伊索克拉底所说的那样，一方面给予我们智慧的启迪；另一方面又赋予我们人之所以为人的生命形式。对这门科学的探索，必然同时涉及两个不同侧面：一方面是对经典的探索，寻求那些已经被确认为人的秉性的美德，在这个基础上，去探索人之所以为人的种种学问；另一方面，也更为重要的是，我们需要依循着福柯的足迹，在探索了我们在这个世界上的生命形式之后，最终还要对这种作为实质性的生命形式进行反思、批判和超越，即让我们的生命在其形式的极限处颤动。

这样，paideia 同时包括的两个侧面，也意味着人们对自己的生命和存在进行探索的两个方向：一方面它有着古典学的厚重，代表着人文科学悠久历史发展中形成的良好传统，孜孜不倦地寻找人生的真谛；另一方面，也代表着人文科学努力在生命的边缘处，寻找向着生命形式的外部空间拓展，以延伸我们内在生命的可能。

3

这就是我们出版这套丛书的初衷。不过，我们并没有将paideia 一词直接翻译为常用译法"人文学"，因为"人文学"在中文语境中使用起来，会偏离这个词原本的特有含义，所以，我们将 paideia 音译为"拜德雅"。此译首先是在发音上十分近似于其古希腊词汇，更重要的是，这门学问诞生之初，便是德雅兼蓄之学。和我们中国古代德雅之学强调"六艺"一样，古希腊的拜德雅之学也有相对固定的分目，或称为"八艺"，即体操、语法、修辞、音乐、数学、地理、自然史与哲学。这八门学科，体现出拜德雅之学从来就不是孤立地在某一个门类下的专门之学，而是统摄了古代的科学、哲学、艺术、语言学甚至体育等门类的综合性之学，其中既强调了亚里士多德所谓勇敢、节制、正义、智慧这四种美德（ἀρετή），也追求诸如音乐之类的雅学。同时，在古希腊人看来，"雅而有德"是一个崇高的理想。我们的教育，我们的人文学，最终是要面向一个高雅而有德的品质，因而我们在音译中选用了"拜"这个字。这样，"拜德雅"既从音译上翻译了这个古希腊词汇，也很好地从意译上表达了它的含义，避免了单纯叫作"人文学"所可能引生的不必要的歧义。本丛书的 logo，由黑白八点构成，以玄为德，以白为雅，黑白双色正好体现德雅兼蓄之意。同时，这八个点既对应于拜德雅之学的"八艺"，也对应于柏拉图在《蒂迈欧篇》中谈到的正六面体（五种柏拉图体之一）的八个顶点。它既是智慧美德的象征，也体现了审美的典雅。

不过，对于今天的我们来说，更重要的是，跟随福柯的脚步，向着一种新型的人文科学，即一种新的拜德雅前进。在我们的系列中，既包括那些作为人类思想精华的**经典作品**，也包括那些试图冲破人文学既有之藩篱，去探寻我们生命形式的可能性的**前沿著作**。

既然是新人文科学，既然是新拜德雅之学，那么现代人文科学分科的体系在我们的系列中或许就显得不那么重要了。这个拜德雅系列，已经将历史学、艺术学、文学或诗学、哲学、政治学、法学，乃至社会学、经济学等多门学科涵括在内，其中的作品，或许就是各个学科共同的精神财富。对这样一些作品的译介，正是要达到这样一个目的：在一个大的人文学的背景下，在一个大的拜德雅之下，来自不同学科的我们，可以在同样的文字中，去呼吸这些伟大著作为我们带来的新鲜空气。

追寻消失的真实

À la recherche du réel perdu

如今，真实（réel）这个词语基本上是以一种骇人的方式被使用着的。我们应当持续地为真实忧虑，服从它，也应当明白，反对真实或诸多现实（réalités）——商人和政客们更喜欢这个词——是无济于事的。现实是强制性的，它形成了一种法则，试图逃避这种法则是不明智的。我们仿佛被一个占据支配地位的意见围困，据此意见，可能会存在诸多强制性的现实，以至于难以想象主观出发点为不接受这种强制性的理智的集体行动。

　　于是，我在诸位面前自忖："什么是真实？"这个问题唯一可能的答案是否如显而易见之物一般，假定我们只有在将真实作为强制支撑时才能够谈论它？真实是否从未被找到、发现、遇见、创造，而是一贯作为强制的根源、铁律的形象（例如，禁止所有预算赤字的"工资铁律"[loi d'airain des salaires]¹或"黄金定律"[règle d'or]²）存在？是否应当像一条理性法则那样，接受真实在所有情况下要求的都是顺从，而不是创造？一旦关系到真实，问题便在于：知晓如何开始变得十分困难。这个问题自哲学起源以来就一直烦扰着哲学本身。思想始于何处？思想如何开始，以便这个起始令思想同真正的真实（un réel véritable）、真本的真实（un réel authentique）、真实的真实（un réel réel）相一致？

为何一旦关系到真实，起始就变得如此困难呢？因为

1　工资铁律是一条关于劳动市场的经济学定律，最早由19世纪德国工人运动领袖费迪南·拉萨尔（Ferdinand Lassalle）命名，指实物工资就长期而言将永远倾向于仅可维持工人生活所需的最低工资额，因此该理论又被称为"工资的最低生存说"。——译注（本书注释均为译注，下文不再一一说明）

2　黄金定律，又被称为"预算的黄金定律"，其定义在不同的国家会稍有不同，不过主要的内容都包括以下几个方面：（1）对零赤字的要求，即保持年度收支的稳固平衡或略有盈余，保持财政预算内经费的平衡（允许由债务支撑的投资赤字出现）；（2）一个或多个赤字指数必须保持在极值之下，如遇"过剩赤字"，则需要采取强制措施；（3）遵循理性发展，即赤字的增长速度要低于国内生产总值的增长速度，或者与其持平，以保证债务与国内生产总值的比率不再增加，在多年规划的范围内保持其平衡，或保持在"可维持债务"的情况下。

我们既不能从概念、想法、定义开始，也不能从经验、直接论据或感性开始。从定义、概念、想法开始，诱发了这样一种构建：我们很容易便可以证明这个构建同它的观点截然相反，它是对真实的丧失或剥夺。如果我已然以一种不容置辩的方式，处于那未经真实考验便可存在之物——至少表面如此——也就是想法、概念或定义中，那我如何才能重返真实，面对真正的真实的考验呢？概念的简单实在性不能够等同于真实的真本考验，因为真实正是那被假定为在我面前抵抗着我、异质于我、不因我的思考之决定而立即减损之物。至多，我只能提出一个关于真实的假说（hypothèse sur le réel）作为出发点，而不是真实本身的呈现。因此，过分理性的，或者在唯心主义尝试之下的哲学会缺失真实，因为以此方式开始的哲学，会在过于容易的抽象之中将真实涂抹、磨灭、隐藏。

而一旦我们诊断出这个缺失，这个在真实考验之下的唯心主义的不足，真实便作为强制性准备回归。对真实这个词语的使用所带来的骇人力量则会以"具体"（concret）作为其借口。它将对抗理想化的疯狂，我们今日普遍称之为罪恶的乌托邦、灾难性的意识形态、陈旧的空想……所有这些名称都谴责着那企图在抽象的形象之下开启关于追寻真实的论题的弱点。我们将它们同真正的、真本的和具体的真实对立起来：世界经济的诸多现实、社会关系的萎靡不振、具体存在的痛苦、金融市场的裁决……我们将所有这些极为重要的真实同思辨的疯狂和战斗的意识形态统治（idéocratie militante）对立起来，我们会说，正是它们让我们卷入 20 世纪如此多血腥的冒险中。

从这一点来看，某物在今天扮演着决定性的角色，即经济在所有关于真实的争辩之中所占据的位置。似乎真实的知识归经济所有。经济无所不知。

我们之前似乎有诸多机会指出经济一无所知。它甚至不能够预测它自己的领域即将降临的灾难。但这几乎并未改变什么。它仍然且一贯知晓真实，并将真实强加于我们之上。此外，指出这一点将十分有益：经济在真实上的作用完美地幸免于经济绝对的无能，它不仅没有能力预测即将发生的事情，也不能够理解正在发生的事情。在这个如其所是的世界上，经济话语似乎是作为真实的守护者和担保者被呈现出来的。如果资本世界的法则不改变，我们便无法战胜经济话语那骇人的传播。

经济被当作真实的知识，而其中特别令人吃惊的是，即便当它说明——有时因事实的显而易见而被迫为之——它的"真实"是献身于危机、病理或灾难的，这些令人不安的话语也不会产生与对真实的主观服从的任何断裂，在真实中，经济自视为真实的知识。换言之，被认作真实的话语的经济，其所言说、所预测或所分析的，从来都只是确认了所谓的真实的骇人特征，并将我们引向它。这样一来，当真实显得衰弱，表现得如同纯粹的病理、毁灭世界或诸多存在的时候，当经济学家自己也无能为力的时候，这个通过经济的真实而获得的骇人的绝对权力不仅不会真正地减小，反而会增加。经济学家和他们的资助者高高在上，并且，在他们无力预测的灾难发生以前，他们显得尤为优越，然而他们却和所有人一样，只能在这之后指出问题。这很好地证明了，正是这些人企图让自己免于责难。

这是一个特别有益的教训：经济未能以任何方式教导我们如何从真实那骇人的、最终压迫人的观念中摆脱出来，这个观念正是经济将它的发展及其无力的"科学"诡辩所交付之地。这十分重要，因为很明显，真实的问题也是知晓人类活动——精神活动和实践活动——同所谓的真实之间保持着何种关系的问题。更确切地说，〔知晓〕真实是否像顺从的命令那样运行，抑或，能够或可能像为解放之可能性而敞开的命令那样运行。

鉴于存在着认为真实是强制性的一类话语，我们会说，关于真实的哲学问题同样也是，抑或特别是，我们能否改变世界的问题。由此，一个以前并不可见的开口呈现出来，通过它，我们能够避开这种强制性，且不会因此而否认真实和强制性的存在。

诸位立即会看到，我们可以在此短暂地回顾我敬爱的柏拉图（Platon），因为"出口"（sortie）的动机是洞穴之喻的重要动机。洞穴之喻向我们呈现了一个囿于虚假形象的世界。这是一个外表（semblant）的形象，对所有囿于洞穴的人来说，它表现为能够存在之物的不容置辩的形象。也许我们现在的情况也是这样。经济强制性的霸权可能最终只是外表。但这并不是重点。柏拉图向我们申明的重点是：为了知晓世界是在外表的法则下运行的，我们必须离开洞穴，逃离这个由外表组织起来的、以强制话语（discours contraignant）形式呈现的地点。对这个外表的所有加固，特别是对这个外表所有深奥的加固——就像经济话语所是的那般——只会禁止可能的出口，进一步将我们固定在由这个外表的所谓现实造成的惊慌失措之受害者的位置，而不是寻觅并找到出口的位置。

这一切就等于说，我们不是在决定真实的艰深知识方面开启进入这个问题的自由通道。所有这类知识都以这样或那样的方式汇集，维持着出口的不可能性，即维持着被塑造为骇人的恐怖和顺从的原则的真实之形象。

那么，真实是否只在经验、可感知的知觉、直接感受，甚至情感或焦虑的方面才能被领会呢？这在哲学中是一个悠久的传统。正是借助这些术语，帕斯卡尔（Pascal）着手推翻笛卡尔式的（cartésien）理性主义，经验论者攻击莱布尼茨（Leibniz），克尔凯郭尔（Kierkegaard）批判黑格尔（Hegel），存在主义用自由代替了真理。对克尔凯郭尔来说，黑格尔错过了真实，因为黑格尔认为真实能够在一个宏大的理性构造中显明，在出发点为纯粹的范畴（存在、虚无、生成……）的艰深话语中显明。然而，我们应该从另一点出发：只有主体性本身才能检验并描述什么才是与真实的相遇（rencontre）。这个经验处于我们认识到的缺失或过剩的焦虑的危险之中，因而更能触及真实。

当然，精神分析，尤其是雅克·拉康（Jacques Lacan）对"真实"一词的推广，明确地根植于这个存在的传统。就像大师不断重复的那样，我们在临床中注意到，一旦涉及真实，一旦由想象和外表所组织的防卫失败，焦虑便会出现。只有焦虑不会欺骗人，它是与如此强烈的真实的相遇，因此，为了暴露于真实之下，主体必须付出代价。

我对这个看法的异议是，如果说某物完全受到作为恐怖或顺从的真实的支配，这完全是出于我们的经验。总之，这是出于焦虑的功能在精神分析中揭示的东西，因为对主体来说，真实在其中显得没有任何限制。但如果它如此显现，那它可能无法摆脱恐怖装置（dispositifs d'intimidation）的影响，这些装置来自因人类主导的活动（包括象征活动和智慧活动）而进行的世界构造。

实际上，感性世界——我们的世界——没有任何特殊的赤裸性（nudité），它完全是由一些关系塑造和构成的，这些关系立即被我的出发点，也就是说，被真实的形象牢牢控制。因此，可以肯定，单纯依靠直接感知、感受、情感和相遇，并不会巩固关于真实的知识的学术制度或所谓的科学制度，反而会直接巩固"真实"在主导性观点中的意义。这便会把我们重新引向这样的事实：我们的知觉、同真实的相遇和被当作自由与独立的自发性之物，事实上都由世界本身的形象逐步构成，即顺从于作为恐怖之物的真实强制性的世界。由此，我们得到的并非在骇人的客观性中向着被让与的知识的一次回返（renvoi），就像第一个假设中的情况，我们得到的是一个不能同在世界之中的真实的直接经验区分开来的意见，因为世界是由恐怖的真实之概念的专制构成的。

在这一点上，可以得到十分有教益的东西，即我们这个丑闻世界的作用。丑闻总是以揭露真实的一隅（un petit

bout de réel）而呈现。某天，我们从最喜爱的媒体那里听闻，某人去到另一个人家里，出来的时候手上多了一箱钞票。我们所有人都会抑制不住地感到自己触及了某种比这些人平常所说的话更加真实的东西。就意见而言，丑闻会为我们打开某种揭露真实的一角（un coin de réel）的大门，但代价是，这个碎片（fragment）[1] 立即就被当作一种例外（exception）。一种可耻的例外。

若没有例外的行为，丑闻也将不复存在。如果所有人都趁黑夜拿着箱子去富人那里寻摸点钞票，就不会有一家小报会因揭露这件事而令读者义愤填膺。事实上，丑闻的结构，回到我们关于真实的第二个概念，即经验论与存在论的观念：只有以直接且感性的方式落在真实的一角，我们才能在自由的、建立于真实之上的意见方向上自我教育，进而教育他人。

1　指上文"真实的一角"。

然而事实却是，丑闻中没有任何新的自由，因为丑闻顺从最普遍且一直持续的教育。我们从丑闻中唯一能学到的是，应该减少并惩戒这种灾难性的例外。最终，对于任何人来说，这成了一个宣称他服从于真实的普遍概念的机会，当然，其中不乏对丑闻的夸张，以及边缘的病理。

社会中有一个有趣的症状，那就是，丑闻总是与腐败相关。它是丑闻最主要的名称。奇怪的是，腐败总能成为丑闻，因为我们可以肯定地说，社会从头到尾都是腐败的。甚至可以肯定，腐败是社会的内在法则，为了掩盖这个完全真实的系统的腐败，丑闻最终变成了替罪羊。在以公开的、明确的、有普遍共识的方式承认利益才是使集体运转的唯一可行动力的社会中，腐败会立即出现。如果赚最多的钱成为标准，就很难去说并非所有的金钱都是好的。我们还能使用哪种标准，哪种空想的标准，去规范以利益为名的真正标准呢？有人会反驳说还有法律的制约，但我们明白，为了使事物的普遍形象，即我们所依靠的真实的形象能够持续，这一切都是必要的。这就是为什么我们时不时地需要一次丑闻，它并非对真实的揭露，而是在扮演真实的一次例外的角色时（dans le rôle d'une exception au réel），作为真实的一隅上演。

因此，丑闻的独特力量存在于真实的微小碎片的戏剧化之中，但这个碎片却是对真实本身的否认。戏剧通常能够在这个探寻真实的过程中扮演重要角色，我稍后会提及。请诸位看看丑闻的规律：有意外情况、新的发现、同伙、阴谋，等等。丑闻的"戏剧冲突"（coup de théâtre）显然是其本质不可或缺的一部分，这一点非常明了，一旦我们明白这实际上是让真实的一隅发生作用，就如同它是真实的一次例外，是把它例外地抛给观点的普遍可见性，其目的是让后者从根本上顺从它，并且回到最根本的世界法则：腐败的普遍存在。

在此顺便指出一个现象：体育活动在今天也是丑闻

的一大受害者。为什么在体育活动中有如此多的丑闻？在哲学上，这是一个值得关心的问题。因为体育活动就像面对丑闻的例外而开启的一扇窗。它在公开场合发生，其目标也是观众。因此，作为把本该秘不示人的东西公之于众的行为，丑闻在体育活动中尤其——如果我可以这样说的话——如鱼得水，因为体育活动无时无刻不在炫耀它的美德：努力、牺牲、忍受的痛苦、竞赛中的诚实、无懈可击的成绩、完全应得的成功……如果不是我们总愿意将这些美德传给后代，并将来源于体育活动或来源于对各类体育活动之赞赏的罕见品质不断示人，体育活动将会变成什么？当你了解到成千上万场足球比赛都在弄虚作假，只是为了那些伪装的赌客赢得令人难以置信的金额时，当你知道某个环法自行车赛的优胜者完全陷入禁药丑闻，并被取消了七个冠军头衔时（顺便说一下，这是一次出色的法律操作），或者，当有人把比较的问题（比如这样的问题：网球是否和美式橄榄球一样腐败？）放在台面上时，我们该作何感想？丑闻想必在此有一席之地，因为体育活动聚集了大批观众，舞弊或兴奋剂让表演变成了纯粹的外表。这是昭然若揭的真实，不像那些在深夜偷偷提着一箱钞票以保证自己当选的人所做的，而是一件所有人都在路边、在体育场或在电视上追踪和观看的事。尽管调查困难重重，尽管各个协会并不情愿，但在体育活动中仍可以看到一种普遍腐败的公共形式。

但诸位看到，即便在这样的条件下，占据主要地位的看法仍然是，"绝大多数"体育从业者都是诚实与清白的，所有的努力付出都是为了让体育活动在那些丑闻之外回到廉洁的本质。但事实上，如果了解体育活动的内幕，便会知晓它是特别腐败的领域，原因很简单，在其中流通的金钱数目太过巨大，以至于它很难保持清白。这一点我们必须牢记在心：有太多钱的地方就有腐败，因为金钱一旦大量流通，只有在远远超出边界的情况下，它才能保证这种流通所要求的流动性……

　　综上所述，一旦涉及真实，我们就不能从远离所有实际检验的严格哲学定义出发，亦不能完全以与例外的感性相遇的这一想法作为开始，期待它会突然为我们开启真实之门。无论是概念的傲慢，还是丑闻的煽动，它们本身都不会揭示真实。应该换一种方式进行尝试。应该侧身而行、斜向前进，在每一次都独一无二的进程中接近真实。这也是我将要尝试的事情，并以下列顺序安排：（1）一则轶事；（2）一句简明的理论性箴言，一个定义；（3）一首诗。

1. 轶事

这是一则十分有名的轶事，因为它关系到莫里哀（Molière）之死。众所周知，莫里哀在表演《无病呻吟》（*Malade imaginaire*）时猝死。[1] 诸位可以看到一个传奇的出现，因为莫里哀本人死于一场真实的疾病。这场名为"莫里哀之死"的真实疾病，是在诸多条件内部，或者在与这些条件相关时，抑或在这些条件之下被发现的，而这些条件是一场不仅被搬上舞台，且在表演内部已被表现为想象的疾病的条件。这里——请注意，这里仍有关戏剧和戏剧化——有着某种十分特殊的真实与外表之间的矛盾。

1　1673 年 2 月 17 日，莫里哀的三幕喜剧《无病呻吟》首演，他自己在剧中饰演主角、疑病症患者阿尔冈。在坚持演完最后一幕后，身患肺结核的莫里哀咯血倒下，当晚病逝。

夺走莫里哀生命的致死疾病在外表本身中显现出来，也就是说，在莫里哀真实地表演——表演之为表演，它已参加到真实之中——疾病的外表之时显现出来。因为已昏迷不醒的莫里哀还要被带离舞台，这就更令人印象深刻，再现（représentation）趋向瓦解，而面对突然降临的、重叠在想象的疾病之上的真实死亡，观众被深深击中。

我们从这个占据死亡的活生生的辩证法中能学到什么？在这则轶事里，真实是阻止表演之物（ce qui déjoue le jeu）。抑或，真实是外表比真实更加真实的时刻，而外表则是真实之真实：虚构的病人由一个真实的病人扮演，一方的死亡占据了另一方死亡的不可能性。这里，外表与真实的辩证法十分有意思，因为真实非常强有力地突然出现的时刻，就是它的外表出现的时刻，也是虚构的病人作为外表出现的时刻。

我们这样说：在这种情况下，真实是萦绕外表之物（ce

qui vient hanter le semblant）。死亡侵袭无病呻吟的人物，也就是莫里哀作为真实的演员在舞台上扮演的角色。而真实不仅萦绕这个外表，即无病呻吟的人物，还萦绕这个外表的表象，即装扮成无病呻吟之人的演员莫里哀，也就是说，他装扮成疾病的外表。我们尝试概括一下这则指明了真实与外表之间紧密且难懂的辩证关系的轶事。例如，我们可以说，所有真实都在外表的废墟中被证实。这其实是认定直接且直观地进入真实的途径并不存在，直接且概念地进入真实的途径亦不存在，但是总有这个间接的需要，即真实可能在外表的废墟中显现出来。换言之——我在这里继续戏剧的隐喻——我们只有在揭露真实时才会获得它。就像笛卡尔（Descartes）之后的哲学家所说的那样，真实在遮蔽中前进。因此，应该揭露它。但诸位要明白，我们要在考虑到伪装的真实本身的同时，将它揭露。莫里哀溘然长逝，还有什么比死亡更加真实呢？他令这个事实突然涌现：无病呻吟在舞台上确实很有趣，但这之外还有真实的疾病。然而，我们应该注意到，这个真实的涌现不仅产生于外表，即想象的疾病，还产生于它自身，即作为演员，真正濒死的莫里哀是这个外表的真实的媒介。

因此，真实总是我们揭露之物，我们揭开它的伪装，也就是说，我们总是在外表的位置才有机会找到真实，并且要考虑到外表本身也有真实：伪装是存在的，并且它是真实的伪装。我们由此得到一个十分特殊的结论：所有进入真实的途径（在 17 世纪的剧院看到这一切的观众的经验，或者更普遍地说，自行获得真实之经验的任何人），归根结蒂，总是揭开伪装，如果这一行动积极区分真实与外表，则它必须假定外表的真实是存在的，伪装的真实是存在的。

经过这些障碍，我们终于到达这个重要的陈述：所有进入真实的途径都是真实的分裂（tout accès au réel en est la division）。旨在消除非真实的真实并不存在，因为所有进入真实的途径都直接地且以一种必要的方式成为分裂，鉴于外表之中亦存在真实，它便不仅是真实与外表的分裂，还是真实本身的分裂。通过分裂的行动，我们在揭露外表的同时，也识别出外表，我们可以将这分裂的行动描述为通向真实的进程（le processus d'accès au réel）。

皮兰德娄（Pirandello）的很多剧作都以真实的分裂为主题。他的剧作于生前第一次出版之时，他想以"赤裸的假面"（Masque nu）为之命名。这有点像我们正在说的事情的概述：作为外表的伪装应被揭开，但为了通向赤裸的真实（réel nu，被揭 - 露的［dé-masqué］真实），我们必须承认伪装的赤裸，我们必须考虑到伪装本身要求我们将它当作真实来对待。正是这一点构成了《六个寻找剧作家的角色》（Six personnages en quête d'auteur）或《亨利四世》（Henri IV）等剧作的主题。阅读皮兰德娄的剧本对于我们理解真实的问题十分有益，因为它完全涉及以下问题：哪一个真实？这是皮兰德娄的戏剧所提出的问题，得出的结论也不尽相同——就像在哲学中，我们就真实与外表之间或本质与表象之间的关系问题得出不同的结论一样。皮兰德娄从第一个假设出发，并在他的戏剧中得出不同结论，第一个假设是真实完全不存在，因为所有伪装都是一个伪装的假面（le masque d'un masque），这就使得去除一个伪装的同时，还需要去除另一个伪装，且永远不会到达赤裸的真实，因为伪装本身是赤裸的，外表本身是真实的。但从这一点出发，皮兰德娄打开了其他角度，这些角度更乐观：通过外表、真实的外表和外表的真实，某种真正真实之物（quelque chose de véritablement réel）显现出来。

如果我尝试将这些看法应用于当代环境，这就意味着我们要自问：什么是真实的伪装？也就是问：什么是全球化的帝国资本主义的外表？它在哪一种阻碍了外表的辨识对资本主义的分裂的伪装下表现出来？什么才是真实那如此真切却又如此遥远的伪装，以至于我们几乎不可能将它揭露？

我很抱歉，但在这里又不得不说，资本主义的真实在当代的外表就是民主。民主是它的伪装。我感到抱歉是因为，"民主"（démocratie）是一个奇妙的词，但我们应该以某种形式重述它并重新定义它。我目前所谈的民主是社会中以有制度的、有国家的、有规律的、有准则的方式运行的民主。我们可以这样说——重新采用莫里哀之死的隐喻——资本主义是不间断上演名为"想象的民主"（La démocratie imaginaire）戏码的世界。而且这出戏很叫座，它是资本主义能够上演的最好的戏码。基本上，这出戏的观众与参与者都为它叫好。总之，人们被召集到这场仪式当中，并且参与其中，但只要这出戏仍旧继续，上演的还是想象的民主，在这之下隐藏的是资本主义与帝国掠夺的全球化进程，伴随着它难以捉摸的真实，任何对这真实的描述都无济于事。只要这出戏仍旧继续，只要大众欣赏它，资本主义的真实——也就是说，分裂真实的能力，把真实约束在一种活跃的、保证它的消失与毁灭的自我分化中的能力——就会在政治上无法接近。这是因为，如果这是一出民主的外表的戏，如果这出戏是给予当代帝国资本主义所需的掩饰的伪装，如果现如今没有任何揭露伪装、中断这出戏的可能，那么对于所有试图进入赤裸的真实的政治行动来说，总有某物在政治上是无法接近的。

进入当代帝国资本主义——我们也称之为西方、民主世界、国际共同体、法治国家……不乏这类名称——的真实的途径，想要进入这一切只有通过对政治特征构成的分裂才能实现。然而我们看到，这出戏在这一点上只令不真实的分裂变得可能，对我们来说，这其中最为人熟知的就是左 / 右（gauche / droite）之分。请诸位仔细观察今天的左翼，仔细观察它，就像你们要去看想象的民主这出戏一样，这是唯一的一出戏，节目单中只有这出戏。总而言之，没有其他戏码正在上演，至少在这个级别上没有其他戏码，即国家、民族、被资本主义摧毁的世界。万幸的是，在世界的这处或那处仍存在着实验剧场，上演着其他戏码，但这是另外一个话题。诸位看到什么？当政府决定在无需任何补偿的情况下拨给企业主 200 亿款项时，它就是认真地在演这出戏。但请不要太过在意，这就是它该做的事情！它还能怎么做呢？这就像一个演员在一出戏的中途突然起身，说他不想再演这出戏了，他想演另一出戏！莫里哀正是这样做的，因为当他在演出中猝死之时，另一出戏正在上演。

只有控制着我们的外表被揭开，真实才能始终作为暴露之物，由于这个外表是被隐藏的真实之再现的一部分，我提议把这个伪装的拔除叫作"事件"（événement），因为它不是内在于再现本身之物。它从他处突然到来，一个外在的他处，如果我们可以这样说的话，即便这个他处很难定位，同时，不幸的是，它也经常不可能。

关于莫里哀的轶事，我的最后一个看法是，如果真实只有在它拔除它本身的外表之时才可接近，那么进入真实的途径中必然有一定程度的暴力。这个暴力在莫里哀之死的轶事中完全在场：演员瘫倒在场上，并且不住地咯血，等等。当然，这只是一个隐喻。这个隐喻显示了——但并未表明什么——一定程度的暴力是必然存在的，因为外表与真实的关系是真实的一部分。因此，你在揭开伪装的同时，也分裂了真实，真实在你面前就不再完好无损。所有进入真实的途径都会损害真实，这损害就是通过我们在揭露真实之时使它遭受的不可避免的分裂。

以上便是对轶事的论述。

2. 定义

关于箴言，我想借用我的精神导师拉康的箴言，他不拐弯抹角，而是直截了当地给出了真实的定义（définition），这定义当然有些模糊：真实是形式化的绝境（Le réel est l'impasse de la formalisation）[1]。

在目前所处的情况中，我们能从拉康的这句话里得到什么？我不想从概念出发，因而从一个例子出发，这个例子就是初等数论（arithmétique élémentaire）。当你数数、

---

[1] 相关论述参见雅克·拉康（Jacques Lacan），《知识与真理》（Le Savoir et la Vérité），收录于《研讨班（第二十卷）：再一次》（Le Séminaire, Livre XX : Encore，[Paris：Seuil，1975]），p.85。此处，巴迪欧对拉康的原文略作了改动，准确的原文应为：Le réel ne saurait s'inscrire que d'une impasse de la formalisation（真实只能位于形式化的绝境处）。

做乘法或加法的时候，这是常见的事，我们会说你以实践的方式处在数论的形式化之中，这样说很合适。你的计算总是有限的：所有的计算实际上都完成于我们所谓的结果，无论它正确与否。因此，你处在形式化之中，它是被规定的（比如，我们教给孩子的加法规则），它是有限的，在这个形式主义的内部，有一项特殊的活动，它就是计算。

但实际上，这个问题中有一点不是完全明确的，即算数时，你确信结果会是一个数字。这一点没有任何疑问：如果做加法，你会得到一个数字。这显然意味着，无论完成有限的计算需要多久，总会得到一个数字（quelle que soit la durée du calcul fini, vous allez toujours trouver un nombre）。也就是说，一个最终的数字（dernier nombre）并不存在。这完全和计算的自由（la liberté du calcul）相反。

因此，在这个问题中，某物是无 - 限的（in-fini）。

某物——数列——是没有尽头的。但这个以隐藏的方式在有限计算中运行的无限并非一个数字，因为数论中并没有无限的数字，它是不存在的。有限数论的真实便要求我们认可一种隐藏的无限性，尽管计算本身所有可能的结果阻碍了无限性，并且这种计算只会产生有限的数字，无限性仍是计算的真实之基础。

正是在这个意义上，我们可以说，初等数论中有限数字的真实是一种隐藏的无限，它无法进入形式化之中，因而是形式化的绝境。拉康所说的完全有道理。

我们尝试概括一下。在数论的例子中，隐藏的无限是有限计算的一个条件，但同时，它不能被计算，因而不能"亲自"（en personne）在计算所运行的形式化中表现出来：根据将数字记录在计算中的形式化，数字，或者作为计算的基础，或者作为计算的结果，实际在本质上是有限的。因此我们会说，真实是形式化的不可能之点（le réel c'est le point d'impossible de la formalisation）。这就是说，通过形式化而变为可能之物——在我们的例子中，即对数字的计算——只因不能够位于这类可能性之中，暗含的假定存在才可能。这便关系到一个"思想点"（point de pensée），尽管它被迫成为通过形式化而变得可能的运算中不可接近之点，却是形式化本身最大的条件。

由此，可以说，到达真实并非通过形式化的应用（因为它的应用正是真实的绝境），而是当我们探索对于这个形式化来说不可能的某物时，才能到达真实。然而，要明白，这并不关系到一种普遍的不可能性，而是关系到作为被限定的形式化不可能的确切之"点"（point）。在自然数数论中，什么才是这个不可能的确切之点？是超限数（nombre infini）。作为数字，它在组织上与数论的形式化相联系，作为无限，它是数论形式化的纯粹不可能。因此，作为不可能的超限数是数论的真实。

　　我们可以提出其他领域有说服力的例子作为参考，因为这个学说具有强大的效力。例如，我们可以就什么是电影影像的真实提出问题。我们可以主张——正如安德烈·巴赞（André Bazin）在影像本体论中一直所主张的那样——电影影像的真实是外视域空间（hors champ）。影像保持它真实的力量，这个力量在一个并不属于影像，却能构建影像力量的世界之上被提取出来。影像正是因为在影像以外之物的基础上被构建，才有机会真正成为美丽又有力的影像，即便电影只是根据被框在镜头中的影像被构建——并进行预先考虑的，即便外视域空间的世界正是没有被拍摄的世界，是不可能如是进入被框在镜头内的影像的世界。就像超限数是数论的真实，外视域空间是电影影像固有的无限。但它同时也是影像的不可能，因为根据定义，周围世界的无限性从未被影像捕捉到。

　　这一切就等于说，如果发现了形式化固有的不可能，我们便可以进入真实。

在这一点的基础上，如果自问什么是政治的真实，则会十分有益。好，如果我们参考的范围是政治中现存的形式化，也就是国家所规定的政治（符合宪法的政治，获准的政治），那么政治的真实就是被抛入其真实权力潜在的不可能之中的那一点。这完全是马克思（Marx）说革命政治的真实是国家的消亡时，他所想说的话。他以自己的方式表明，在政治领域里，在政治的外视域空间中，真实就是国家之外，它不处在国家认可为可能之物的约束中。马克思认为，从战略的角度出发，如果观察迄今为止的整个人类历史，则应该说，鉴于政治所固有的不可能被国家之外的某物规定，政治真实的实现就是国家消失的过程。这才是以共产主义为名的政治所固有的无限。国家永远只是政治的可计算的有限，而共产主义在某种程度上是政治的超限数。

以下是一个微不足道却一直存在的反对意见：如果进入真实的途径是不可能之点，那么触碰真实、进入真实就意味着我们可以将这个不可能转化为可能性（transformer cet impossible en possibilité）。这似乎完全不可能。但这个不可能的可能化（possibilisation de l'impossible）只是在相关形式化——数字的计算、电影的取景构图、政治中的国家——的情形下才概念性地成为不可能。因此，只有形式化之外的（hors formalisation）一点才能够令我们进入真实。这便是为何这不是关于一次内在于形式化的计算，而是关于一个行动（mais d'un acte），这个行动让形式化暂时消失，让它潜在的真实浮出水面。这意味着，进入真实首先要求最初的形式化的力量被摧毁。如果你想令无限进入数学之中，你就不能仅仅停留在初等数论的层面。我们需要承认完全不属于数论的无限集合的存在，因此我们需要康托尔（Cantor）[1]的集合论（théorie des ensembles）。对于电影

---

1 格奥尔格·康托尔（Georg Cantor，1845—1918），德国数学家。他创立了现代集合论，这是实数系乃至整个微积分理论体系的基础，并提出势和良序概念的定义；他确定了两个集合的成员间一一关系的重要性，定义了无限且有序的集合，并证明了实数比自然数更多。他对这个定理所使用的证明方法，事实上暗示了"无限的无穷"的存在。他定义了基数和序数及其算术。他深知自己的这一成果具有极为浓厚的哲学意趣。他所提出的超限数理论，最初并不被数学界同侪接受，他们认为该理论如此（转下页注）

来说也一样，天才的导演需要让观众在影像中看到影像外之物，从而打破镜头界限的约束。诸位知道，在政治中，这种破坏的名字是：革命。国家合法的形式主义在一次革命中至少是被悬置起来的。

进入真实的过程——用我的哲学术语来讲，叫作真理的进程（procédure de vérité）——始终在摧毁着一个局部的形式化，因为该过程令这个形式化特有的且局部的不可能性突然出现。

我们的结论是什么呢？

第一点，只有在有形式化的地方，才会获得真实（因

（接上页注）反直觉，甚至令人震惊，以利奥波德·克罗内克（Leopold Kronecker）为首的众多数学家对此进行了长期的攻击。康托尔本身是一位虔诚的路德宗信徒，他相信这个理论是上帝传达给他的，但一些基督教神学家认为该理论是对神学中仅上帝才具有的绝对而唯一的无限性质的挑战。经由时间的淘洗，当代数学家绝大多数都接受了康托尔的理论，并认为这是数学史上一次重要的变革。数学家大卫·希尔伯特（David Hilbert）曾说："没人能把我们从康托尔创建的乐园中赶出去。"

为，如果说真实是形式化的绝境，那么形式化的存在仍是必要的），因此，我们并没有希望在形式化、装置、形式的存在之外获得真实。真实假定的表面形式是被思考和构建的，而一个被限定的真实是这个表面形式的隐藏真实。

第二点，肯定真实作为这个形式化的绝境，在某种程度上，将会是这个形式化的毁灭，或者说，是它的分裂。这一切将以一个从形式化本身的角度出发的不可接受的肯定开始，该形式化规定着可能之物，也就是对于不可能的存在的肯定（l'affirmation que l'impossible existe）。

这是获得真实最根本的举动：宣告不可能是存在的。一位有名的政治人物曾说过，政治是可能的艺术（la politique était l'art du possible）[1]，但如果关系到真实的政

---

1 巴迪欧引用的这句话据信出自法国第二帝国末期和第三共和国初期著名共和派政治家莱昂·甘必大（Léon Gambetta），而 19 世纪德国的"铁血宰相"奥托·冯·俾斯麦（Otto Von Bismarck）也说过类似的话（见《俾斯麦亲王：新的会谈和访谈（第一卷）》[Fürst Bismarck : neue Tischgespräche und Interviews, Vol. 1]，p.248）：Die Politik ist die Lehre vom Möglichen（政治是可能的理论）。

治，那么很显然，它是不可能的艺术（l'art de l'impossible）。可能的艺术，是作为外表的政治。它仍有功效，因为它令减少毁灭的成本变得可能。但如果你想得到真实的政治，就要肯定不可能的存在，这会对形式化固有的不可能产生严重后果。

我们可以尝试把刚刚所讲的运用到人类世界的当代情况中。很显然，集体存在最主要的形式化就是到达最高形式的资本主义，即全球范围内的帝国主义。而它固有的不可能之点是平等。为什么？因为资本主义完全不服从对于私有制的根除，它建立于私有制之上，私有财产的积累必然产生巨大的不平等。此外，资本主义一贯认为不平等是一种正常的必要，它把平等看作导致犯罪的乌托邦，也就是说，平等"从人的角度来说"（humainement）是不可能的。这一点长久以来就十分明晰，可能自法国大革命开始就很明晰：资本主义固有的不可能之点是平等。对于这个不可能之点的实际肯定，对于这一点应该成为所有新政治思想的根源的肯定，我的朋友朗西埃（Rancière）称之为平等公理（axiome de l'égalité）[1]。作为不可能之点，平等只有在它表现为原则时，才会成为一个结果。但这个原则在实际范畴中必然以帝国资本主义的毁灭性分化为代价。

我刚刚谈到，马克思所讲的国家的废除是为了勾画社会整体的真实。但现在我们很明显地看到为什么马克思在《共产党宣言》（Manifeste du parti communiste）的末尾宣告，共产党的所有计划纲领都归结为一个准则：私有制的废除。进入资本主义的真实不是分析资本主义，并让它成为一门学科，虽然这十分有益，但资产阶级的经济学家已经做得

---

1 平等公理是法国思想家雅克·朗西埃最基本的哲学概念之一，其关键点在于，平等在政治上并非终点，而是一个出发点，作为公理，它处在不断被验证的过程中，这亦是它作为公理所付出的代价。朗西埃在其不同著作中都对这一概念进行了论述，在2007年出版的《哲学家及其贫困》一书的序言中，朗西埃更明确指出："平等是一种预设、一个作为出发点的公理，否则，它什么都不是。"（Jacques Rancière, Le Philosophe et ses pauvres[Paris：Flammarion，2007]，p.XI）另外，《朗西埃：关键概念》（让-菲利普·德兰蒂编，李三达译，重庆大学出版社，2018）一书中亦有对此概念的详细论述。

很好了。进入资本主义的真实是对于平等的肯定，是决定、宣告平等是可能的，并竭尽所能地通过在不同的环境、新思想、反抗与必要的战争中的行动、组织、新征服的地方、宣传、构建而使平等存在。

即便是在十分有限的形式下，所有"真正"（réellement）平等的进程都将会在世界资本主义形式化的结构性原则下遭到重创，该原则就是所有个人都有无限的权利积累财富。共产主义的本质在于，肯定被资本主义当作不可能的可能性的存在，终结所有制带来的不可避免的结构性不平等。在这个意义上，共产主义是对资本主义真实进行有效革新的唯一现存的进程之名。

3. 诗篇

我将从皮埃尔·保罗·帕索里尼（Pier Paolo Pasolini）的一首诗开始，帕索里尼是意大利伟大的电影艺术家（我如此称呼他，是因为他在今天更多地以电影艺术家的身份为人熟知），这首诗的标题是"葛兰西的骨灰"（Les cendres de Gramsci / Le ceneri di Gramsci）[1]。

还是要简短地介绍一下帕索里尼，他的名气只比莫里哀小一点。他以电影艺术家的身份为人熟知，同样令人耳熟能详的是他异常动荡的一生，他的生命终结于一场残忍的死亡：海边开阔地的一场谋杀，这场谋杀与欲望的激进、

---

1 下文引用到的帕索里尼的诗句，首次出现时，亦按"中译／法译／原文"的方式呈现。

危险的形式密不可分。帕索里尼的一生已经显现出我称之为无望追寻真实的孤独痛苦。同帕索里尼一道，我们进入真实的另一个角度，即主体化本身。

帕索里尼身上有着极端暴力的思想与无限的欲望。这种暴力思想与无限欲望的结合将他置于悬空的世界，以至于他自己十分靠近不可能之点。比起电影或散文，他的诗歌更能说明这个世界不可能之点的临近。

帕索里尼是一位十分伟大的诗人，他确实是 1940 年代至 1960 年代末那几十年，从世界大战到 1960 年代年轻一代起义期间极为伟大的诗人之一。同时，这也是斯大林式共产主义从坚不可摧到声名狼藉，最终走向崩塌的时期。以上是帕索里尼自问——这是他那拥有宏伟结构且高度主体化的诗歌主题——何为**历史**之真实（le réel de l'Histoire）的原因。这便是他提出的问题。

诸位知道，美国评论家福山（Fukuyama）[1]最近主张这样的论点：**历史**之真实在于它会终结。这是一个重要的论点，它虽然由某种多少被曲解且未被理解的黑格尔哲学遗存孕育而出，但始终是一个关于**历史**之真实的论点。这个论点坚持宣称，目前便能够知晓真实会是什么，因为伴随着全球化的资本主义和民主国家，我们已经找到了能够获得某种普遍赞同的表述，这个表述实际上会让不同阶级、不同国家之间的冲突变得毫无价值，最终，**历史**本身也毫无价值。

对我们来说，有益的是，自 1950 年代开始，帕索里尼就主张类似的论点。至少，他主张某种作为真实的历史

1　弗朗西斯·福山（Francis Fukuyama，1952— ），日裔美籍学者，哈佛大学政治学博士，现任斯坦福大学弗里曼·斯伯里国际问题研究所奥利弗·诺梅里尼高级研究员。福山在其 1992 年的著作《历史的终结与最后的人》（*The End of History and the Last Man*）中提出，西方的自由民主制和自由市场资本主义及其生活方式的全球传播，可能标志着人类社会文化演进的终点，并成为人类政治的最终形式。但后来，在其 1995 年的著作《信任：社会美德与创造经济繁荣》（*Trust: Social Virtues and Creation of Prosperity*）中，福山改变了他早先的立场，承认文化不能与经济完全分离。

正在结束。或许,从诗的角度来说,他是有道理的。或许,我们今天这样思考是合理的:并不认为**历史**已终结,这样说没有任何意义,而是认为我们离某种历史——独特的历史真实性(historicité)——的不可能之点是如此近,因此从它的真实点(point réel)出发,我们可能会在它的终结里摇摆不定。或许,我们处在业已熟知且不断开辟的历史在真实考验下即将分裂,因而走向解体的时刻。或许,**历史**——我们能够讲述的历史——即将像大地震时的土地般裂开。我们因而能够重新出发,拥有某个进入历史之真实的入口,这个入口会成为分裂的运行者,但它所运行的最终不是**历史**,而是我们独特的历史真实性,这个历史真实性最终围绕着国家的可持续性。

帕索里尼说了类似的话。但与福山不同,他并非安坐于当代文明之椅。他说这话时正处在剧痛之中,忍受着业已分裂且能够致命的真实之经验的剧痛。

《葛兰西的骨灰》这首诗写于 1954 年。这首诗有着某种非凡的预言力量。若详加观察，我们会发现，人类活动中只有两件事是具备预言性的：诗歌与数学。数学，因为它在形式上记录甚至证明了在数学形式主义之前我们完全不可想象的诸多关系与客体的存在。然而，有一点之后便得到证明：这些关系与结构对于思考哪怕最小的物质中最细微的运动都绝对必不可少。诗歌，因为所有伟大的诗篇都是从根本上与真实对抗的语言场所。一首诗逼迫语言处在一个不可说的真实点上。

另外，诸位会看到，数学与诗歌是言语活动两个极端的名称：数学处在最透明的形式主义的一端，相反，诗歌处在最深层且常常最隐晦不明的力量的一端。

让我们回到帕索里尼的《葛兰西的骨灰》。葛兰西（Gramsci）是意大利共产党的创始人与领导者之一。他一生相当长的时间都在法西斯的监狱中度过。他是一位守护欧洲共产主义的人物，也是一位有创见的马克思主义思想家。因此，"葛兰西的骨灰"这一标题已经宣称：我们知道，葛兰西为之行动或努力见证的真实只剩下灰烬。

这首诗以墓园为背景。如果我们追寻如政治形式化中前人形象的分裂或死亡一般的真实，墓园则是一处可以看清状况的好地方。另外，以墓园为出发点思索真实也已有历史。诸位都还记得《哈姆雷特》（*Hamlet*）中掘墓人的场景：如果我们将头颅握在手中，以"生存还是毁灭"（*être ou ne pas être*）为形式的真实问题必然会获得其最大的力量。

帕索里尼同我们谈到的这个墓园十分特殊——如果你们去罗马，我强烈建议你们去参观。葬于这个墓园的人，即葬于罗马教廷土地上的人，终其一生都不信奉天主教。因此，这个墓园是事关死者的宗教选择的结果：梵蒂冈命令并说服人们，不得在被认定为神圣的土地上安葬那些不信仰本地正统宗教的人。然而，在一种非凡的死后团结中，这个地点聚集了新教徒、穆斯林、犹太人，还有无神论者。葛兰西正是被安葬于这处非信徒的区域。

对帕索里尼来说，这里已经有一个关于真实的问题，即墓园所秉持的差别（écart）。这个差别像是流放的象征，这是一次如此根深蒂固的流放，以至于它延及死者。然而，可以肯定，真实总处在流放的形式中，因为，真实作为必须揭开伪装才会显露的不可能或外表，要进入它，就意味着我们要远离寻常的生活，远离普通的生活。真实远不是构建当前的生活，恰恰相反，就像弗洛伊德（Freud）所作出的出色解释，真实是遥远的秘密（lointain secret）。为了发现这个秘密，要从寻常的生活中走出来，从洞穴中走出来，柏拉图一劳永逸地揭露了其中秘辛。但在这个墓园下葬的所有亡魂都已走了出来，都已在正常死亡之外。人们许给了他们一隅未经圣地教皇降福的流放之地。

这里，真实的构成参与了一场国家的流放：葛兰西

帕索里尼在葛兰西墓前

并非真正在意大利下葬，他被安葬在一处流放之地，那里主要是异乡人，比如英国诗人雪莱（Shelley）的墓就在葛兰西的墓不远处。正是在这类异乡人中间，人们将非信徒葛兰西下葬。帕索里尼在这名共产党员的墓碑——一座几乎没有任何修饰的大墓碑——前诵读诗篇，就像对一位可敬的兄弟讲话，他说："你要知道，除了安息于这片异土，你别无选择，始终流亡。"（Il ne t'est aujourd'hui permis que de dormir en terre étrangère, toujours banni. / Non puoi, lo vedi?, che riposare in questo sito estraneo, ancora confinato.）这就是国家的流放。

还有社会的流放、阶级的流放。因为墓园所在的街区到处都是有钱人家的别墅。因此，伟大的共产党员葛兰西不仅安息于异乡的国土，还处在特征明显的富人区中间，正如帕索里尼对他说的那样："贵族的空虚包围着你。"（un ennui patricien t'entoure. / Noia patrizia ti è intorno.）

最终——也是最重要的一点——还有历史的流放。葛兰西一生的追求就是**历史**之真实得以实现。他终其一生都是共产主义的战士和领导者，因为他认为实现这个真实的时候到来了，也就是说，让不可能成为可能，在意大利，继而在整个世界成功进行无产阶级革命。正因为如此，就在他流放的墓园中，人们拜谒并颂扬他。看到葛兰西墓前总是布满鲜花，这确实令人印象深刻且感人至深。我自己也有亲身经历，像帕索里尼一样，在葛兰西的墓前沉思，对我来说这是一个感受强烈的时刻。

但接下来便是诗的转折点：所有这一切，包括鲜花，都只强调了葛兰西不得不处在历史的流放中。为什么？因为他为之付出生命的真实、无产阶级革命的真实已然消失不见。葛兰西想令其如**历史**之真实一样发生的真实，我们已不知其所是。它以自身的消失作为最终形式。

帕索里尼便向葛兰西提问：最终化为三重流放的骨灰

是否意味着他必须放弃所有进入真实的途径？我引用帕索里尼的诗："你是否会要求我，陨落的死者，摒弃这存活于世的无望激情？"（Me demanderas-tu, mort décharné, de renoncer à cette passion désespérée d'être au monde? / Mi chiederai tu, morto disadorno, d'abbandonare questa disperata passione di essere nel mondo?）

我曾将 20 世纪描述为真实的激情（la passion du réel）[1] 的世纪。我们就在其中！这正是帕索里尼在 20 世纪中叶，于 1954 年以诗的形式质疑的激情，他怀疑这激情已毫无价值，也不再令我们备受鼓舞，也是在这番质疑中，化作骨灰并始终流亡的葛兰西对我们说："我曾竭力追求它，但我要求你们放弃这追求，我要求你们摒弃这存活于世的无望激情。"

1　巴迪欧在《世纪》一书中将真实的激情看作理解 20 世纪的关键："我认为，应该将真实的激情作为理解这个世纪的关键。"（Alain Badiou，*Le Siècle* [Paris：Seuil，2005]，p.54）

　　这首诗因此以一种描述当代世界的方式展开——这是最令我们感兴趣的一点，即便这首诗写于半个世纪前。为什么？因为对帕索里尼来说，我们的世界，或者说"西方"世界的特点是成为、表现为所有真实的庇护所。在这个世界中，外表是如此有力，以至于人人都能存活于世，并且乐于存活于世，好似他们能够免遭所有真实的影响之侵害。因而在这样的世界里，如若真实偶然在外表中造成一个缺口，我们会立即得到一种完全的主体混乱（un désarroi subjectif total）。

　　帕索里尼向我们描述的世界像是葛兰西的遗孤，这个世界背弃了使**历史**之真实发生的所有使命。这是一个帕斯卡尔曾一劳永逸地命名为被消遣（divertissement）所支配的世界。然而我们今天更应称其为娱乐（entertainment）："娱乐世界"（entertainment world）。

　　帕斯卡尔值得我们多说几句：他是一个讨论真实问题

的卓越理论家。如果帕斯卡尔愿意模仿拉康的话，他可能会说：真实是所有消遣的绝境。真实在这样的时刻出现：消遣筋疲力尽，并且不再保护我们免受真实突然涌现的侵害之时。

《葛兰西的骨灰》以诗的形式建立的论点是，在资本主义取得胜利的社会中，消遣是王道——对于德波（Debord）来说，存在着一种景观的绝对权力（souveraineté du spectacle）[1]。人们操心的是尽己所能地远离真实。人们，作为西方帝国世界的公民，以发展、购买、培养和延续作为主体保护者的外表的方式远离真实。帕索里尼将这个主体的倾向（disposition subjective）称作"用生存代替生活"（remplacer la vie par la survie）。生存有一个明确的定义：你们实际上摒弃了"存活于世的无望激情"，只能继续消遣的消极工作。

1　法国思想家、导演居伊·德波曾在《景观社会评论》一书中写道："现代景观已主要地表现为商品经济的专制统治，且商品经济已进入一个不承担责任的绝对权力的状态 [……]。"（ Guy Debord, *Commentaires sur la société du spectacle* [Paris：Gallimard, 1992], p.14 ）

让我们在何塞·圭蒂（José Guidi）[1] 的译本中听一听诗篇的声音吧。让我们听一听远离真实的生活图景在其中展开的意象网络（réseau d'images）吧，这种生活摒弃了**历史**之真实的出现，而**历史**之真实判处葛兰西在他的骨灰中流放，这样一来，这真实只能腐坏：

> [……]而你感觉，那些存在
> 活生生的，遥远地，叫着，笑着，
> 在他们的车中，在了无生机的
>
> 房子里，某物正在消逝
> 存在的天赋不见踪影，它无限又无信——
> 如此的生活不过一场震荡；
>
> 只留下肉身与集体在场；

---

1 何塞·圭蒂（José Guidi，1940—2013），毕业于巴黎高等师范学院，曾任职于埃克斯 - 马赛大学。他是帕索里尼诗作的第一位法语译者，曾于 1973 年两次与帕索里尼见面，此后一直同帕索里尼保持书信往来。

你感到所有诚实的信仰的

缺失；生活无望，徒留生存

——或许比生活更快乐——如同

化身畜人，他们幽蔽隐秘

藏身狂热中，容不得旁出的激情

只堪日复一日的劳作：

微薄的热忱，借狂欢的氛围

在微小的腐蚀中现身。虚无愈演愈烈

——历史踌躇不前，生活

在喧嚣的间歇里沉默不语——

理想悬在半空，而遍地激荡着

美妙与灼热的感官之娱

比肩亚历山大式的纵情，不断延烧

闪耀着，赋予不洁之火，而此时

世上之物正在崩塌，世界
在昏暗中缓慢前行，再次寻找
空荡的广场，破败的作坊……

*

[…] Et on sent bien que pour ces êtres

vivants, au loin, qui crient, qui rient,

dans leurs véhicules, dans leurs mornes

îlots de maison où s'évanouit

le don perfide et expansif de l'existence –

cette vie n'est qu'un frisson;

présence charnelle, collective;

on sent l'absence de toute religion

véridique; non point vie, mais survie

– plus joyeuse, peut-être, que la vie – comme

en un peuple d'animaux, dont le secret
orgasme ignore toute autre passion

que celle du labeur de chaque jour:
humble ferveur, que vient parer d'un air de fête
l'humble corruption. Plus se fait vain

– en cette trêve de l'histoire, en cette
bruyante pause où la vie fait silence –
tout idéal, plus se révèle

la merveilleuse et brûlante sensualité
presque alexandrine, qui enlumine
et illumine tout d'un feu impur, alors qu'ici

un pan du monde s'écroule, et que ce monde
se traîne dans la pénombre, pour retrouver
des places vides, de mornes ateliers…

*

[...] E senti come in quei lontani

esseri che, in vita, gridano, ridono,

in quei loro veicoli, in quei grami

caseggiati dove si consuma l'infido

ed espansivo dono dell'esistenza –

quella vita non è che un brivido;

corporea, collettiva presenza;

senti il mancare di ogni religione

vera; non vita, ma sopravvivenza

– forse più lieta della vita – come

d'un popolo di animali, nel cui arcano

orgasmo non ci sia altra passion

che per l'operare quotidiano:
umile fervore cui dà un senso di festa
l'umile corruzione. Quanto più è vano

– in questo vuoto della storia, in questa
ronzante pausa in cui la vita tace –
ogni ideale, meglio è manifesta

la stupenda, adusta sensualità
quasi alessandrina, che tutto minia
e impuramente accende, quando qua

nel mondo, qualcosa crolla, e si trascina
il mondo, nella penombra, rientrando
in vuote piazze, in scorate officine…

　　我们能在这个片段中得到些什么呢？第一点，在我们
的世界中，生活是消散的。一旦生活不再受到令它自身的

真实出现的计划之影响与指引，它就变得难以捉摸、无影无形、迷失方向。从一个消遣到另一个消遣，这是一种迷失的生活，这种生活试图威胁最基本的价值。因此，这种生活——这是第二点——也受到真理缺失的困扰。对于帕索里尼来说，同样，对于我来说，真理（vérité）这个词能够代替"真实"（réel）这个词出现。当帕索里尼谈到诚实的信仰的缺失时，他并非意指通常意义上的信仰。"诚实的信仰"（religion véridique）仅仅表示对于可能的真理的信念（la conviction qu'une vérité est possible）。换言之，在我们的世界中，信念就是以葛兰西为象征——从**历史**那里夺取共产主义的真实——的尝试能够继续。这个信念——葛兰西的信念——他的诗却宣告了其不可能。第三点想法：在代替我们真实生活的生活的外表中，一切都被引向工作与金钱的组合。我们世界的存在已消散，它特有的模式是工作与金钱的组合的绝对统治。一方面是每日的劳作，微薄的热忱，另一方面是微小的腐蚀。

"微小的腐蚀"是一个巧妙的表达方式，因为它为我们指出了如下事实：显然，始终存在着庞大的腐败、惊人的腐败、拥有支配权力的人进行的巧取强夺，以及人们时不时以我评论过的丑闻的形式向我们呈现的无处不在的腐败，但这些都不是最重要的。重要的、支配主体世界的是对这种情况的普遍认同。而最终，所有人都或多或少认为，拥有必要的钱购买想要的东西才是重要的，认为这才是世界本身不可动摇的基础，对，这就是微小的腐蚀。这是我们所有人都或多或少赞同的，而那些令人难忘的腐败丑闻只是我们试图拯救的例外。

帕索里尼间接教导我们，如果我们时不时丢弃那些巨大的腐败，是因为微小的腐蚀才是重要的。最主要的是每个人都被人们企图向他出售的东西收买了。我们可以牺牲某些巨大的腐败：如果因这微不足道的代价，"微小的腐蚀"的系统——也就是消遣、生存、免受所有真实侵害的生活的系统——得以继续，那么这牺牲便是值得的。

　　关于我刚刚给诸位读的片段的第四点也是最重要的一点想法在于肯定这个事实：世界崩塌了，我们处在**历史**的中断处（trêve de l'Histoire）。这一点十分重要，因为有多重理由提出这个问题。我们生活在哪个时刻？处在怎样的历史位点（site historique）？帕索里尼自 1954 年就提出，我们的世界可能处在历史的间隔（intervallaire）之中。第一种历史不再处于强调其真实的状态，葛兰西化为骨灰，他默默地对我们说："请你们不要再继续我曾渴望做的事情。"接着，另一种历史可能开启，其他事可能突然发生，我们可能处在另一个形式化绝境的形象中，可能另一个阶段即将出现，就像在希腊数论的基础上出现了无限集合论的现代历史。这是民主、中产阶级、富裕与满足的生活、在消遣中的生存、希望所有真实缺失的西方世界，这个世界只会是历史真实性的一个平庸时刻，它处在已逝之物与即将出生之物之间，这最终也是这个世界"在昏暗中缓慢前行，再次寻找空荡的广场"的原因。这番描述朴实无华，却十分准确。为了寻找空荡的广场而缓慢前行，这是我们所有人都在做的事情，因为我们所有人都在某种程度上处于微小的腐蚀之中。在位于历史间隔的世界中，实际上你只能流浪，直至找到那空荡的一隅，把微小的腐蚀放置其中。

诸位能够理解帕索里尼的想法：当人们失去了所有关于令**历史**之真实发生的可能信念时，什么才是自处？这是这首诗试图描述的问题。如果"诚实的信仰"不复存在，那么活着意味着什么？处于存在之中意味着什么？其实呢，处于存在之中就是以这样或那样的方式应对微小的腐蚀。

所有这一切将诗引向它的结尾，我为大家读一下：

> 生活喧嚣骚动，那些人
> 迷失其中，却也安然失去它，
> 因为生活充盈着心灵。他们在此，

于苦难中享用暗夜：一股力量涌向

无助之人，为了他们，神话已

重生……而我，怀着清醒的心

只能生活在历史之中，

我能否以纯粹的激情努力前行，

只因我知晓历史已终结？

*

La vie est bruissement, et ces gens qui

s'y perdent, la perdent sans nul regret,

puisqu'elle emplit leur coeur. On les voit qui

jouissent, en leur misère, du soir: et, puissant,

chez ses faibles, pour eux, le mythe

se recrée… Mais moi, avec le coeur conscient

de celui qui ne peut vivre que dans l'histoire,

pourrai-je désormais oeuvrer de passion pure,

puisque je sais que notre histoire est finie?

*

È un brusio la vita, e questi persi

in essa, la perdono serenamente,

se il cuore ne hanno pieno: a godersi

eccoli, miseri, la sera: e potente

in essi, inermi, per essi, il mito

rinasce . . . Ma io, con il cuore cosciente

di chi soltanto nella storia ha vita,

potrò mai più con pura passione operare,

se so che la nostra storia è finita?

在诗的末尾，帕索里尼以自己的方式为**历史**之终结作出裁定。完全不是因为这个历史将会填补人们的愿望，正相反，是因为填补愿望的无力进入了真实的秩序之中（dans l'ordre du réel），因此，世界要求我们的并且在很大程度上已经获得的基本主观性是一种放弃的主观性。为了能够像合格的公民一样处在全球性市场的光芒中，我们必须完全放弃一些事物。实际上，为了成为一位合格的消费者，应该放弃一切。放弃一切真实之物。如果有真正的追求和诚实的信仰，你就不会满足于人们向你贩售的东西，就会渴望真实的显现，但人们贩卖的只是它的外表。你便永远不能成为一位帝国机器所需要的合格消费者。

因此，帕索里尼自问，自己是否还能做一些努力，"以纯粹的激情努力前行"——我们在此重新找到真实的激情——于是他有了历史已终结的消极信念。

总之，真实的激情完完全全是 20 世纪的激情。帕索里尼和我们谈的就是这个激情的消失。自 1954 年起，即在 20 世纪中叶，一位诗人已经向我们说过，这个世纪动荡不安的、值得纪念的、至关重要的历史已终结。

20 世纪上半叶，数百万人对**历史**即将催生出真实这一观念表示赞同。他们已准备为这次诞生付出代价，即便这代价很大。由于为了信念而付出的巨大努力，**历史**将诞生出一个新世界，这个新世界会是旧世界的真实，这完全就像超限数是普通数论的真实一样。在被消遣困扰的中产阶级的世界里，可怖与可耻的是数百万人理所当然地认为对可怕的暴力的认同是值得的。如果这有利于新世界的诞生，而这个新世界又完全是整个**历史**之真实的实现，人们则不会计较暴力与受害者的数目。因为，这正是针对唯一有价值的问题——这个问题是：不可能是否存在？——而作出的一个完全积极的回答。这完全像康托尔遗留给我们的、被希尔伯特（Hilbert）视作数学新乐园[1]的答案，即

---

1 见本书 35-36 页注释。

对"无限能够存在吗？"这个问题作出的一个具有决定性且理性的回答。

真实的激情不会因为那些微不足道的、道德的或其他的异议而停滞不前，这完全是因为这是关于不可能之存在的激情。因此它不能以可能性的普遍规律作为准则。这正是 20 世纪是一个壮烈的世纪的原因。它血腥、恐怖，却十分壮烈。英雄主义体现在那些承认不可能之存在的人们身上。因为我们如是定义英雄主义：它总是站在真实点那里，总是站在不可能即将被断定或确认为可能的地方。

在帕索里尼看来，**历史**之终结就是这种希望的终结。这是作为真实可能的名称之一的**历史**之终结。当然，这也是具有历史性意义的英雄主义的终结。中产阶级那些乐于消遣的主体的享乐彻底要求所有壮烈的英雄事件不再发生。

　　或许可以从帕索里尼诗意的忧郁中汲取教训：区分历史与政治十分重要。20世纪已经告诉我们，**历史**之真实的问题不能保证共产主义政治的真实得以持续。自马克思以来，我们便有了如下观念：如果揭露**历史**之真实，我们便会真正地获得一个新的政治世界。马克思断言**历史**科学的存在，即历史唯物主义，但他从未肯定政治科学的存在。在某种意义上，历史唯物主义吸收了政治的真实，而政治则受历史的支配。正是从这点出发，我们在同帕索里尼与葛兰西的对话中收集后者的骨灰。

　　或许应该说，在目前的政治中，真实只有摒弃历史学的虚构才能被发掘，也就是说，根据这一虚构，**历史**为我们服务。如果它并非为我们服务，意即，如果在**历史**之真实与共产主义政治——让我们如此命名它——的绽放或发展之间不存在有机联系，那么，实际上就需要一种有限的放弃。然而这种放弃绝不会延伸至普遍的政治行动。我们能够且必须积极地回应帕索里尼的问题。他对我们说：如果葛兰西与 20 世纪的历史已终结，我是否还能以"纯粹的激情"努力前行？我们会这样回应：是的！我们依然能够凭借激情努力前行，即便历史学的虚构已不复存在，即便我们知道**历史**之总体结构与其真实并非朝着解放的方向前进。

显然，这要求我们努力达成历史的希望与政治的坚持之间的分离。政治的坚持必须能够在历史的希望缺席的情况下保持下去。如若达成这一点，就会为葛兰西的骨灰正名，就会真正听到他借帕索里尼之口想对我们说的话，这句话实质上是："请摒弃历史学的虚构。"但我们并不需要分担帕索里尼苦涩的感怀。事实上，他并不确信自己是否能够接受对历史的摒弃。他自忖：如果这个朝着人类解放方向前进的**历史**之梦最终远离了真实，我是否依然能够以诗的形式努力前行？

至于我们，距帕索里尼写这首诗的时间已过去了五十余年[1]，我觉得可以提出三条准则（directives）。

第一条，揭开［资本主义］民主外表的伪装。也就是说，在共产主义思想的指导下，实验完全不同的民主形式。不应听信那种说现存民主——我称之为资本主义-议会制（capitalo-parlementarisme）——唯一的对立面是野蛮的极权主义的宣传。实际上，现存民主的对立面——回到我们的主题——是一个真实的（réelle）民主。将"极权"作为对立面只是为民主外表辩护，而这一外表下的真实是帝国资本主义。至于真实，实验全新类型的民主的时刻已经到来，这一实验由来已久，斯巴达克斯（Spartacus）、托马斯·闵采尔（Thomas Münzer）、无套裤汉（les sans-culottes）、巴黎公社（la Commune de Paris）[2]……但现在这一实验需

1　本书法文版出版于 2015 年。

2　斯巴达克斯是古罗马一名角斗士，于公元前 73 年与克雷斯、甘尼克斯等人一起领导了反抗罗马共和国统治的斯巴达克斯起义。托马斯·闵采尔（Thomas Münzer，1489—1525），德意志平民宗教改革家，农民战争领袖，空想社会主义的先驱者之一。无套裤汉是法国大革命时期对包括小手工业者、小商贩、小店主和其他劳动群众在内的城市平民的称呼，他们是城市革命的主力军，在大革命中参加了多次武装起义。巴黎公社是从 1871 年 3 月 18 日（正式成立日期为 28 日）到 5 月 28 日短暂统治巴黎的无产阶级革命政权，马克思认为这是对其共产主义理论的一个有力证明。

要作出调整、重新集合、坚定信念、自我反思、形成系统，并从一开始且始终如一地明确表明同民主外表的对立，因为民主外表只是全球化资本主义之真实的伪装。这是第一个举措。

第二个举措，为了我们自己而使当代资本主义形式化。我想说的是，应该创造并找到如今资本主义与帝国主义的坚固形式化。形式化的确实性为其不可能之点，也就是说，为其真实的有效力的规定性作准备。在普遍意义上，我们知道，平等是资本主义的不可能之点。但是，为了最大程度地接近这个不可能之点而采取的方法，令不可能之点成为可能性的局部事件的性质，这一切都根据资本主义与帝国主义的形势及阶段而变化。平等之为不可能的模式在 1840 年与在今日是不同的。

最后一点，应该对 20 世纪作出总结，也就是帕索里尼为之忧虑的摒弃的总结——摒弃**历史**的进步本质——这个摒弃的总结会从不放弃的观点出发而完成。我们应该在不放弃中摒弃。我们应该摒弃这样的信仰，即**历史**之工作是由它本身且以结构的方式指向解放的。然而，应该继续断定，解放的可能性正位于这一切的不可能之点上。在这个意义上，20世纪的遗存仍将继续。我们不能接受所有这一切都被抛弃，也不能在这一点上与反对者为伍。应该对20世纪作出总结，这个总结就像一台过滤的机器，在业已发生的事情中过滤那些并不会发生且处在绝境之中的事情。

所有这些思想与行动的工作都围绕着真实与毁灭的历史关系展开。因为我们为了一个狂热的想法付出了极大代价，这个想法就是**历史**为我们、为人类的解放服务。之所以要付出代价，实际上是因为**历史**并不单单为人类的解放服务，于是，为了保留这个狂热的想法，不得不强行让**历史**为之服务。我们应该催生其假定的真实，这个真实就是在解放的意义上所讲的工作。这便是为何普遍的政治环境使处在怀疑与谴责泥沼中的狂热成倍增加，并且确立了怀疑范畴的普遍存在，这一现象始于法国大革命。因为如果**历史**并非为我们服务，而在原则上它却应该如此，这原因在于一些破坏分子的存在。因此，历史上存在着破坏分子，破坏一段以解放为意义的历史也是一项重大的罪行。这就是为什么人们曾大规模地屠杀各个类型的"嫌疑犯"（suspects）。但这一行径完全不是血腥的疯狂或者对假定"人权"（droits de l'homme）的野蛮无视的结果，而是与辩证理性相一致的社会机制（dispositif）的结果。因此，需要从一个新的关于真实的观念出发，重新改动整体的社会机制，这个新的观念不再认为**历史**是社会机制的奴仆。

一个处在主观立场的变式（variante）存在着，我们试图从中汲取反面教训，这个变式可以如此表达：因为**历史**应该催生一个解放的世界，我们便可以毫不犹豫地接受，甚至筹划一次最大限度的毁灭。我称之为历史毁灭的现象（le phénomène de la destruction historique）。因为催生全新且具有挽救力量的政治世界的是**历史**，因此毁灭发生在**历史**层面上也就不奇怪了。

在辩证法的抽象层面上，这个论点以一个简单的形式出现：否定支撑着肯定。毁灭是建构的助产婆。这个信念在 20 世纪根深蒂固，它令革命的狂热进行了无用的残酷尝试：解放的世界的真实原则在旧世界的毁灭中突然出现。但这并不准确，并且这个不准确造成了一系列后果，旧世界的毁灭占据着一个与它并不相称的位置，推翻旧世界并从中提取全新原则的斗争是无限的、无止境的。

因此，我认为应该用肯定辩证法代替否定辩证法。应该摒弃否定支撑肯定的想法，这个想法只是强迫催生**历史**之真实时突然出现的狂热希冀的逻辑形式。事实上，我们在 20 世纪已经看到，否定承载着否定，并不断地产生其他否定。应该肯定一点，对否定的使用，如果是不可避免的，则必须加以严格控制，并且由一种肯定的先决力量将其保持在边界位置。为了达到这一点，应该处在另一个不可能之点上，而不是处在假定的**历史**的不可能之点上。这在很长一段时间里将为政治的革新赋予必然的局部特性。我们会有局部的实验，这些实验十分重要且规模宏大，在这些实验中，只有从一个肯定的原则出发，这个原则内在于发生的事件、相关情况的参与者，内在于参与者所思、所论、所做，否定的准则才会得到定义，进而定义它的限度。正是这些从属于未来共产主义政治的战斗作风令摒弃历史的毁灭成为可能。

　　我想以下面的话作为结语：进入真实的关键最终在于一种肯定辩证法的力量。正是在这个辩证法的基础上，帕索里尼在另一首名为"胜利"（Victoire / Vittoria）[1]的诗中为真实画像。诸位可以看到，他也说了我刚刚以另外一种方式所重述的话，但却带着某种忧郁，我们应该克服这样的忧郁。在这首长诗中，帕索里尼重新讲述了一个在弃

1　作于 1964 年。

绝的条件下尝试保持真实的激情之人，帕索里尼称这个条件为**历史**之终结。这个人实际上就是帕索里尼本人，他是**历史**的遗孤，然而却不断尝试保持真实的激情。这首诗是这样描述他的：

> 而他，心碎的英雄，却永远失去
>
> 触动心灵的声音：
> 他诉诸那并非理性的理性，
> 依靠理性的悲伤姊妹，她试图
>
> 在真实中把握真实，伴着激情
> 逃离所有轻率，所有极端主义。
>
> *
>
> Mais lui, héros désormais déchiré, ne trouve plus,

Désormais, la voix qui touche le coeur:

Il s'en remet à la raison qui n'est pas raison,

à la soeur triste de la raison, celle qui cherche

à saisir ce qu'il y a de réel dans le réel, avec une passion

qui se refusera toute témérité, tout extrémisme.

*

Ma egli, eroe ormai diviso, manca

ormai della voce che tocca il cuore:

si rivolge alla ragione non ragione,

alla sorella triste della ragione, che vuole

capire la realtà nella realtà, con passione

che rifiuta ogni estremismo, ogni temerità.

我们需要的是，一个为有利的历史真实性哀悼的理性，

这个理性却在真实的激情之中、在局部的政治实验中试图
把握真实中的真实，并避免具有破坏性的极端主义。

　　我并不认为——这是我同帕索里尼唯一的分歧——这
个否定辩证法中具有肯定性的姊妹本身是悲伤的。我们在
帕索里尼那里感觉到，他所提出的这个理性姊妹——具有
肯定性的理性——是一个悲伤的姊妹，因为对他来说，摒
弃有利的**历史**之恩赐是可怕的。但在今天，我们必须相信，
纵然思想使我们不得不哀悼，在真实中寻找真实会是并且
就是一种令人愉快的激情。

从不可能出发

2012 年 11 月 9 日，里尔市美术宫礼堂，阿兰·巴迪欧为现场的听众作了题为"追寻消失的真实"的讲座。三年之后，巴迪欧在讲座的基础上对手稿进行了部分修改，于是就有了这本小册子。

巴迪欧说过，他的学术生涯实际上是传统哲学家的模式，即由构建其最重要哲学思想的大部头理论著作（主要是《存在与事件》、《世界的逻辑：存在与事件 2》和《真理的内在性：存在与事件 3》，或可称之为"三部曲"）、教学、对当下事件各种形式的介入这三个部分构成。而第三部分的方式是多样的：讲座、采访，以及就某个哲学或与哲学相关的问题写下的著作。本书就是这方面的成果。

这本小册子主要围绕真实问题展开：第一部分以莫里哀

的死亡为例对真实与外表进行区分；第二部分以数学本体论为基础给真实下定义；第三部分则试图在帕索里尼的诗歌中追寻真实。虽然只是一本小册子，但本书对于探究巴迪欧的思想踪迹十分有益，因为"真实"问题是他在《真理的内在性：存在与事件3》中所讨论的"无限性"概念的最终目的。因此，研阅这本书将会帮助我们更加清晰地理解《真理的内在性：存在与事件3》。

此外，中文学界普遍将"réel"一词译作"实在"，这种译法自然有其理论上的源头。而本书将该词译作"真实"，则是考虑到它在巴迪欧思想中的特殊性，因为巴迪欧所讨论的"réel"不仅有"实"的维度，更有"真"的维度。也就是说，"réel"在很多情况下都直接指向"vérité"（真理）。正是基于这种考虑，我们尝试将其"真"的一面突显出来，以求在理论的层面更加接近巴迪欧使用该词时的想法。

***

"追寻消失的真实"（*À la recherche du réel perdu*）这个书名很容易让人联想到普鲁斯特的《追寻逝去的时光》（*À la recherche du temps perdu*）。普鲁斯特在时间的缝隙中摸索着"真实的生活"，气味、声音、触感都是他无意识的居所，通过无意识，他似乎找到了已逝的时光，并重新发现了真实的面孔。无意识捕捉生活中最微小的细节，从中窥探真实的奥秘。对于普鲁斯特来说，真实就是"显现涌出的运动；是不可见的厚度的内在推进，但这个厚度却与其表面一样意味深长；是对超越了客体最纯粹型构的视域的发掘"[1]。在《追寻逝去的时光》中，"玛德莱娜蛋糕"和"凡德伊的小乐句"都属于普鲁斯特世界中真实涌现的时刻。巴迪欧在普鲁斯特的写作中发现了思想的痕迹，他认为思想"意味着一场与真实的遭遇"，而普鲁斯特的"玛德莱娜蛋糕"恰好处于语言与真实重叠的地域，变成了"一个绝对，从而不再可能辨别出初始和终点"。[2]这个绝对之点是思想在真实中的寓居之所，将不可能的真实带入世界。"玛德莱娜蛋糕"是普鲁斯特接近真实的途径，但对于巴迪欧而言，什么才是其追寻真实的旅程中遇见的那个"玛德莱娜蛋糕"，即真实的绝对之点呢？

1　Anne Simon, « Phénoménologie et référence: Proust et la redéfinition du réel », in *Littérature*, numéro 132, 2003, p.57.

2　Alain Badiou, « Qu'est-ce que la littérature pense? », in *Paragraph*, 28(2), 2005, pp.35-40. 中译参考米歇尔·福柯等：《文字即垃圾：危机之后的文学》，赵子龙等译，重庆大学出版社，2016，第 385-394 页。

1. 从无能到不可能

雅克·拉康在谈及分析治疗时经常使用一句话，即"从无能到不可能"（de l'impuissance à l'impossible），其核心便是从想象的无能向真实的不可能的过渡。拉康在分析歇斯底里话语时认为，无能是所有话语结构的某种必需，作为享乐（jouissance）的障碍，它最终造成"产品与真理之间的分离"（拉康1970年6月10日研讨班)[1]。而这种无能导致分析对象"不可能处在话语的源头位置"（拉康1970年6月10日研讨班)[2]，因此，无能遮蔽了真实。分析师的角色，或者说精神分析的角色，就是让分析对象首先面对真实的不可能。

众所周知，拉康同尼采、维特根斯坦一道，远离了形而上学的传统，因此被认为是"反哲学"（anti-philosophie）的坚定支持者。而拉康的"反哲学"自有其独特性：不同于将意义置于真理之上的其他"反哲学"，他更倾向于对知识与真实的拷问，因为哲学中缺失的是缺意（ab-sens），"真实就是缺意"[3]。然而,拉康对于真实的探究在何种意义上与巴迪欧追寻

1　http://ecole-lacanienne.net/bibliolacan/stenotypies-version-j-l-et-non-j-l/.

2　*Ibid.*

3　Alain Badiou, Barbara Cassin, *Il n'y a pas de rapport sexuel. Deux leçons sur « L'Etourdit » de Lacan* (Paris: Fayard, 2010), p.115.

真实的尝试发生关系呢？尤其是考虑到拉康的"反哲学"立场与巴迪欧所维护的哲学本体论之间不可协调的冲突，巴迪欧为何将拉康作为切入点，又如何利用拉康为哲学辩护呢？

巴迪欧在其关于拉康的著作、研讨班和访谈中都提到了一点，那便是他研究拉康时所秉持的立场："我的宗旨与以往一样，就是考察拉康与哲学的关系。"[1] 在更普遍的意义上，面对"反哲学"，巴迪欧试图揭示的是其中"一个新客体的独特挑战"[2]，从而重新发掘哲学所遗忘的角落。在拉康那里，这个"新客体"就是真实。

围绕真实这一问题，拉康给我们留下了一个极其重要的公式（formule）："从无能到不可能"。虽然这个公式意在为分析治疗提供理想的解决办法，并非纯粹意义上的哲学论题，但巴迪欧从该公式出发，在拉康的遗产中发现了哲学的可能。

斯拉沃热·齐泽克在《欢迎来到真实的荒漠》一书中提到了真实在面对现实时的困境："正因为它是真实的，因为它创伤／过度的特性，我们不能将它纳入（我们所经验的）现

1　Alain Badiou, Barbara Cassin, *Il n'y a pas de rapport sexuel. Deux leçons sur « L'Etourdit » de Lacan, op cit*, p.105.

2　*Ibid.*, p.106.

实，因此我们不得不像噩梦到来一样经验着真实。"[1] 换言之，经验现实一旦与真实相遇，它便表现得无力、不知所措。巴迪欧正是将经验现实的无能作为出发点，对拉康的这个公式进行哲学意义上的解读。无力的现实与不可能的真实之间常常由某种普遍的情感（affect）联系起来，这种情感就是焦虑（angoisse）。焦虑无处不在：小到日常生活的种种焦虑，大到存在意义上的焦虑。人类面对焦虑往往无力，进而向焦虑妥协。而这种焦虑在真实面前——对于巴迪欧来说，如今的真实就是具有强制性的资本主义政治与经济制度——尤其显得无力。人类似乎完全受制于资本主义的强制性，既不能摆脱普遍的焦虑，亦不能提出对抗强制性的洞见。因此，巴迪欧回到拉康，回到拉康的这个公式，试图通过从无能向不可能的过渡来为我们提供一个可能的解决方法。

对巴迪欧而言，虽然围绕着无能与焦虑的严肃思考为人类更好地适应周遭书写了指南，但是当代哲学不能停留在这个层面上，哲学的任务在于直面不可能。当人们说"这是唯一的可能"时，也是在说"剩下的都不可能"，因此，哲学便

1　Slavoj Žižek, *Welcome to the desert of the Real* (London & New York: Verso, 2002), p.19.

要探寻什么才是不可能的真实，也就是说，在真实的层面上讨论可能性与不可能性，而不再停留于主观层面上的有力与无力。这便是巴迪欧在这本小册子中首先论述资本主义经济强制性的原因，即在资本主义制度的真实中深入分析、揭露弊端、寻找方案。

以拉康为代表的精神分析话语把无能看作一种病理学上的"症候"（symptôme），而如今的哲学也面临着类似的"症候"：它不再能够为可能性／不可能性提供任何新的真理。巴迪欧在《世纪》中总结道："这个世纪［20 世纪］在不可能的主体创新、安逸、重复之主题上终结。这一切有一个明确的名称，那便是顽念。这个世纪在安全的顽念中完结，表现为某种可怕的准则：你的处境已然不错，其他地方更加糟糕，以往更是不堪入目。"[1] 当代社会的主体——当然也包括哲学家——已经从根本上抛弃了可能／不可能的观念，只求在重复中寻求慰藉。围绕着真理，似乎存在两种无能：第一种无能表现为追求真理的进程中主体的无能，而第二种无能是真理，或者关于可能／不可能的真理本身的无能。关于第二点，拉康在

---

1 Alain Badiou, *Le Siècle* (Paris: Seuil, 2005), pp.100-101.

1970 年 6 月 10 日的研讨班中明确地指出："所有的不可能性，无论它如何展现——它是我们这里的重点——都总是可以被表述出来的，确定无疑的是，如果它令我们在其真理周围屏气凝神，那是因为某物保护着它，我们称这个某物为无能。"拉康认为，不可能的权力建筑在真理的无能之上，因此，当人们选择追求真理（热爱真理）时，便不得不承认真理的弱点。拉康就此质疑对真理的热爱，并把人们在热切追求之际从真理之口涌出的东西称为一具"腐尸"（charogne）。

然而，这并不是说真理的无能排除了力量的所有形式，真理的力量其实就位于它的无能之中。我们甚至可以说，真理只有在无能之中才能找到其力量的可能条件。巴迪欧在重读拉康时也重申了这一点："显然，对有着难以逾越的限制的真理施加影响的是阉割（castration）。真理是盖在将其完全道出的不可能性之上的一张面纱。"[1] 于是，对真理的热爱实际上首先要求我们承认无能对真理的阉割，进而肯定阉割之爱（amour de la castration）。

不仅如此，就连真理的意义（sens）这一问题都需要被重

1　Alain Badiou, *Conditions* (Paris: Seuil, 1992), p.197.

新提出。因为哲学并不需要把真理阐释为意义，它不可能"移动意义与真理这一对关系，因为唯一能够使这对关系发生变动的是作为真实之功能的缺意（ab-sens）或缺性意义（sens ab-sexe）的范畴"[1]。换言之，真正的问题并不在于真理是否有意义，而是缺意或缺性意义如何影响真理与意义的关系。真实进入了这对关系之中，试图阐明一个事实："哲学以某种方式过快地陷入真理之中。这种仓促隐藏了或涂抹了作为缺席的真实的时间。"[2] 因此，拉康的那句"性关系不存在"（il n'y a pas de rapport sexuel）便是在真理之前召唤持续缺席的不可能的真实。

2. 不可能的可能性

在巴迪欧的哲学版图中，政治占据着极其重要的位置，以至于他将政治看作真理的进程之一。巴迪欧从根本上批判资本主义，这源于他对资本主义的深刻认知，他认为具有强

1　Alain Badiou, Barbara Cassin, *Il n'y a pas de rapport sexuel. Deux leçons sur « L'Etourdit » de Lacan, op. cit.*, p.115.

2　*Ibid.*, p.114.

制性的资本主义是如今世界的真实。虽然巴迪欧始终站在共产主义的阵营，但他也不得不承认，帝国主义在西方世界仍然占据着统治地位。这个统治地位目前不可撼动，因此，人们被迫接受这样的事实：即便资本主义已走向终结，即便在该制度下的种种社会矛盾日趋尖锐，资本主义仍然是西方世界目前唯一可能的制度。

然而，值得注意的是，资本主义只是真实的一种形式。这就意味着人们可以对其施加影响，从而将不可能的真实转化为某种可能性。这类尝试在人类历史上以政治实验的形式展开，从古代社会到现代社会，从东方到西方，人类始终在探索位于不可能之上的道路。将不可能转化为可能性，这对于巴迪欧来说无疑是一个"事件"（événement），而这个事件的定义就是"在法则上为不可能的某物忽然成为可能"。[1]

除了诸多政治实验，巴迪欧在另一个领域也注意到了不可能的可能性，这个领域便是当代艺术。他在《当代艺术的十五个论题》中阐明了当代艺术的真实内容，即"一切皆有

---

[1] 参见巴迪欧 2013 年 11 月 15 日在"法国文化"（France Culture）广播电台 Hors-Champs 栏目名为"将无能提升为不可能"（Elever l'impuissance à l'impossible）的访谈。

可能,并且一切皆不可能"[1]。徘徊在可能与不可能之间的艺术究竟如何抉择?巴迪欧在该文中认为,当代艺术创作的"真实功能就在于说出某些东西的可能性,在于创造一种新的可能性"[2]。诚然,当代艺术在不断前进,不断推陈出新,不断制造产品,然而,我们在用严肃目光审视当代艺术之前,首先需要了解两个概念:"作品"和"创新"。

巴迪欧在《真理的内在性:存在与事件 3》中明确地定义了"作品",并且将其与另一个概念对立起来:

> 我把位于有限性范畴之中,并作为系统无限性发展的消极方面的事物称为"垃圾"(déchet)。抑或,"垃圾"是除了遵守显现于其中的世界的法则之外,并无其他存在形象的多(multiples)的实存模式。参照第二部分,我们还可以说:垃圾就是所有显曝于具有压迫性质之覆盖(recouvrement)的物;作品就是所有触及绝对属性并摆脱了覆盖效力之物。[3]

1 https://www.lacan.com/frameXXIII7.htm.

2 *Ibid.*.

3 Alain Badiou, *L'Immanence des Vérités. L'être et l'événement 3* (Paris: Fayard, 2018), p.511.

　　根据这一定义,"作品"的范围被大大地缩减了。面对当代艺术种类繁多的产品时,我们应该首先辨别出那些只是单纯重复前人的"垃圾",将它们从艺术的范畴中筛除,并试图保留那些同时具有多样性与无限性的作品,因为只有这些真正的"作品"才能够为当代艺术带来一次又一次的创新,而创新就是创造新的可能性,把不可能转化为可能。正是在这个意义上,政治与艺术密不可分:两者都在探索新的可能性,艺术问题同时也是一个政治问题,因为两者都与自由关联。

　　巴迪欧曾把从不可能向可能的过渡称作"唯一真正的自由操演(exercice)"[1],由此可见,无论是政治还是艺术,其真实内容都包含着自由向度。这里所说的自由并非帝国主义秩序下的自由,而是与其完全决裂的自由。巴迪欧这样写道:

　　　　我们可以如此描述类似于因艺术而定义的自由,它既是思想的,又是物质的,就像处在逻辑框架之中的共产主义,因为没有逻辑框架就没有自由,如同一个新的开端,一种新的可能性,一次新的决裂,最终类似于一个新的世界,一道新的光亮,一座新的星系。[2]

1　参见巴迪欧 2013 年 11 月 15 日在"法国文化"(France Culture)广播电台 Hors-Champs 栏目名为"将无能提升为不可能"(Elever l'impuissance à l'impossible)的访谈。

2　https://www.lacan.com/frameXXIII7.htm.

艺术新世界的自由与政治一同为人类提供可能性，这是因为艺术具有政治性。然而，这种共存的情景不仅停留在艺术与政治的关系上，它同时也是艺术本身的问题。在巴迪欧看来，新世界的艺术在于"反对全球化带来的抽象普遍性"[1]。这便要求艺术"创造出和世界的新的感性关联"[2]，正因为如此，它进入了真理的层面：艺术作为真实的可能性创造着真理。巴迪欧在《真理的内在性：存在与事件3》一书中分析了奥利维耶·梅西安（Olivier Messiaen）的作品《黑喜鹊》（Le Merle noir），他如是评价这支曲子带有模仿性质的结尾："模仿黑喜鹊，我们实际上并不能以一部作品的形式来实现这一点。我们没有能力。但我们能做到的是，创造模仿黑喜鹊的绝对理念。"[3] 梅西安的《黑喜鹊》在巴迪欧的艺术理论中并不是一次基于感性材料的临摹，而是"理念自身在感性世界中的事件"[4]，即艺术的真理。

1　https://www.lacan.com/frameXXIII7.htm.

2　*Ibid.*.

3　Alain Badiou, *L'Immanence des Vérités. L'être et l'événement 3, op. cit.*, p.559.

4　https://www.lacan.com/frameXXIII7.htm.

3. 无限的可能

　　无限问题在巴迪欧的哲学中占据着不可忽视的位置，自《存在与事件》(尤其是第三部分)以来，无限问题便成为自然多元性(multiplicité naturelle)的表现，《真理的内在性：存在与事件3》更是在《存在与事件》的基础上将无限性作为追寻真实的核心。然而，事物的无限性并非始终展露在人们面前，甚至，"一个关于有限性的十分严格的意见——至少它目前在西方世界仍占统治地位——认为，我们以某种方式考虑的人类可缩减为有限的参数"[1]。由此可见,事物的无限性总是受制于有限性，因此，如何辨别有限性与无限性就成了巴迪欧接近真实的第一步，只有如此，我们才能证明无限性从根本上区别于有限性，从而摆脱相对主义(relativisme)的束缚。

(1)从有限到无限

　　《真理的内在性：存在与事件3》根据时间维度区别了两类有限性，即有限性的古典形式和有限性的现代性。巴迪欧将前者产生的原因归结为对无限内在性的抑制(oppression)，

1　Alain Badiou, *L'Immanence des Vérités. L'être et l'événement 3, op. cit.*, p.23.

并且提出了抑制现身的四种主要方式：宗教的抑制、国家的
抑制、经济的抑制和哲学的抑制。这种抑制如何阻碍无限性
获得内在性，并因此影响其达到真正的解放呢？巴迪欧对此
作了如下诠释：

> 若我们追求的目标的本性是抑制，两种无限性的运
> 作则通常以这样的方式呈现：第一种无限性是超越的、
> 不可触及的、无法接近的，而第二种无限性的存在则因
> 第一种无限性假定的力量而成为对实存的禁止。有限性
> 是对潜在地具有内在性质的无限性类型（第二种无限
> 性）的压迫的消极结果，也就是垃圾，而这一压迫是通
> 过另一无限性类型（第一种无限性）实现的，此类型被
> 认为是分离的，也就是说，它的实存中并没有内在性的
> 呈现。[1]

这种抑制的结果经常以相对主义的形式出现，相对主义
始终认为作品（无限性）与垃圾（有限性）之间的差异并非绝

---

[1] Alain Badiou, *L'Immanence des Vérités. L'être et l'événement 3, op. cit.*, p.77.

对的，于是便采取将那些不入流的产品纳入一个更大的范畴的策略，试图为这些产品重新正名。相对主义的结论是，伟大的作品与其他产品同在一个文化装置当中，因此，两者在这一前提下同时都具有价值，好坏只是相对的。

作为有限性最显著形式的相对主义又是如何阻碍我们接近真实的呢？

首先，相对主义否认真理的绝对性。相对主义认为真理只是相对的真理，然而，相对主义者的矛盾之处在于他们不得不承认相对性的普遍存在，否则就间接否认了相对性。但问题就在于，一旦承认了这一点，便意味着承认了相对性的绝对真实。巴迪欧在为甘丹·梅亚苏（Quentin Meillassoux）的《有限性之后：论偶然性的必然性》（*Après la finitude. Essai sur la nécessité de la contingence*）一书所作的序言中提到了梅亚苏的一个论证："只有一件事是绝对必然的，即自然法则都应是偶然的。"[1]《真理的内在性：存在与事件 3》在此基础上对其进行补充，从而有了如下变式："除了偶然性是必然

1　Quentin Meillassoux, *Après la finitude. Essai sur la nécessité de la contingence* (Paris: Seuil, 2006), p.10.

的，自然法则不带来任何必然性。"[1] 梅亚苏以此为基础，透过标志其哲学转折的 "实际性"（facticité）原则，在关系主义（corrélationisme）中进行了一系列的论证，最终得出了绝对真理可能存在的结论。对于巴迪欧而言，绝对真理就是纯粹多元性，而相对主义却不能认识到在世之中的多元客体，因为它仅通过已存在的参数认识世界。

同时，巴迪欧也将纯粹多元性理论描述为存在的可能形式（les formes possibles de l'être），并且强调是 "真实现象的形式，意即这个现象之所是的形式"[2]，在这个意义上，真理同真实紧密地联系在一起。相对主义的症结实际上在于它不能够如其所是地确定现象的真实，更不能够思考无限性与有限性之间的根本差异。

此外，有限性在现代社会也获得了某种 "新" 形式，巴迪欧称之为 "覆盖"（recouvrement），其定义如下：

> 对在某种情境下具有无限潜在性的所有定位的遏

1　Alain Badiou, *L'Immanence des Vérités. L'être et l'événement 3, op. cit.*, p.64.

2　*Ibid.*, p.41.

制，而占统治地位的权力将这种情境强制规定在有限法则之下。遏制的产生并非通过对潜在性直接且对立的否认来实现，而是通过截取自位于初始情境中的有限力量的动机来实现，有限力量覆盖无限性的所有假设，并使之难以辨认。[1]

不同于抑制，覆盖并非将否定作为强制性，从而限制事物通向无限，例如宗教抑制中的谦卑，国家抑制中的权力，以及经济抑制中的市场。覆盖意在消解新生事物的力量，也就是说，利用业已存在的陈词滥调(这是覆盖最明显的实现方式，即词汇与修辞)分析新生事物。其目的不言而喻，就是将含有无限性质的新生事物尽可能地转化为约定俗成的宣传，而不顾新生事物真正的内容。有限性的现代性——以"覆盖"为名——善于掩盖和粉饰，过时的形象如今似乎拥有了新的范例，但这正是覆盖的要求，因为在它看来，非智识性才是无限性的归宿。

然而，这一切并不是说有限性完全不能通达无限性。巴

1　Alain Badiou, *L'Immanence des Vérités. L'être et l'événement 3, op. cit.*, p.223.

迪欧在塞缪尔·贝克特晚期的诗歌中找到了揭开覆盖之物的真正的诗性语言。巴迪欧认为，贝克特作品中的否定性并非指向虚无、绝望、生活的无意义，而是透过否定性揭露覆盖真实之物："它［否定性］只是在占据主导地位的意识形态与在其间展开的日常生活中猛烈地揭露覆盖真实的无限之物，这种覆盖就像是铺在虚假意义上的一张软地毯。"[1]贝克特的否定性一般在语言中展现，更确切地说，通过其特殊的言说方式（le dire）显露自身。贝克特诗歌中全新的言说方式——例如，其在 1988 年 10 月 29 日所写的法语诗《怎么说呢》（Comment dire）中创造的疯狂的语言——实际上意在超越语言的平常状态（被交付给覆盖），进而抵达语言的真实。

（2）无限的可能

巴迪欧把集合论（théorie des ensembles）归结为多元性理论，并且特别强调了多元性的可能形式（les formes possibles）。提出这些可能形式并非没有意义，相反，这"意味着数学思考的形式能够完美地找到'真实的'实现方式（我们通常所说

---

1 Alain Badiou, *L'Immanence des Vérités. L'être et l'événement 3, op. cit.*, p.231.

的'具体的'实现方式），也就是说，在确定世界中能够被定位的"[1]。巴迪欧的这一观点从本体论上确定了可能的存在及其绝对性，同时，也将其与无限性紧密地联系在一起，因为实际上，可能的形式是否存在正是区分有限性与无限性的关键。V[2] 就是集合论实现无限的可能的场所。

数学本体论为无限的可能提供了理论上的支撑，而在确定世界中，无限的可能以作品的形式作为其实现的方式。巴迪欧将作品分为两大类：第一类是根据客体而规定的，其中包括艺术与科学；第二类是根据生成(le devenir)而规定的，其中包括爱与政治。而作品的实现离不开语言，具有无限性的作品自然就会要求一种脱离了强制话语的无限的语言。那么，无限的语言对于巴迪欧来说又是如何成为可能的呢？以创造为内在特征的诗性语言在其哲学中究竟占据着怎样的位置呢？

我们在上文中已经提及实现覆盖最明显的方式，即通

---

1 Alain Badiou, *L'Immanence des Vérités. L'être et l'événement 3, op. cit.*, p.40.

2 V 这一符号在巴迪欧的数学本体论中代表绝对全集。在《真理的内在性：存在与事件 3》中，作者是这样界定 V 的："我们约定俗成地把 V——字母 V——称为所有能够使关于多元性本身的命题生效的场所，我们可以说 V 形式化了真空、空集和真理。"(*Ibid.*)

过词汇和修辞。换言之，具有强制性的语言是有限性得以对事物持续施加影响的关键。巴迪欧指出了有限语言最显著的特点："如果一个集合中的所有元素都是可定义的（définissables），也就是说，它们位于占支配地位的语言之中，以带有汇编性质的语言形式出现且为众人熟知，那么，我们就可以说这个集合是有限的。"[1] 由此可见，有限语言的特点就是它的可定义性。

可定义性要求语言汇聚至一个共同的、给定的、可规造的（constructible）地点，在其中，"新"词汇将不断诞生，但最终都不会有所生成。在这一点上，巴迪欧与德勒兹，甚至与德里达一致，他们都认为语言能够拓展世界的边界，但首先，语言本身必须是无限的、能够生成新事物的、最终有创造力的。从这个观点出发，巴迪欧认为我们应该跨越强制话语，找寻一种无限的语言，即"不从给定的可规造之物出发而获得定义的多元性创造"[2]。这就是巴迪欧在不同著作中多次提到贝克特的原因，后者的语言是无法命名的。

1　Alain Badiou, *L'Immanence des Vérités. L'être et l'événement 3, op. cit.*, p.237.

2　*Ibid.*, p.242.

　　诗性语言一直都是哲学接近真实的最佳途径，尤其是在"形而上学的终结"之后，海德格尔曾试图在诗性语言中寻找存在的踪迹。如果回到巴迪欧"三部曲"的第一部《存在与事件》，我们能够看到巴迪欧在一定程度上对海德格尔诗学本体论的认可："我称这种类型的本体论为诗学本体论，它始终被在场的消散与根源的消失萦绕。从巴门尼德一直到勒内·夏尔，这期间还有荷尔德林与特拉克尔，我们知道诗人在海德格尔的阐释中所扮演的角色是什么。"[1] 然而，巴迪欧并未沿着海德格尔诗学本体论的道路揭示诗性语言中的真实，而是诉诸无限性的概念。这也是巴迪欧在这本小册子中分析帕索里尼的诗歌《葛兰西的骨灰》时为我们展现的道路："所有伟大的诗篇都是从根本上与真实对抗的语言场所。一首诗逼迫语言处在一个不可说的真实点上。"[2] 言说语言不可言说之物是诗歌独有的创造力，而不可言说是因为诗歌正在尝试为仍处在未知状态的新事物命名，这个时刻就是诗性语言无限接近真实、将不可言说转化为无限趋近可能的话语的时刻。

1　Alain Badiou, *L'Etre et l'événement* (Paris: Seuil, 1988), p.16.

2　参见本书第 45 页。

让我们回到那个不知如何言说的贝克特。他终其一生都在语言中流浪，在双重声音（英语与法语）中一次次尝试，一次次失败。然而，巴迪欧却在他的流浪（errance）中看到了无限的可能："一切无限性都需要流浪。"[1]

（3）真理的迷误？

法语词 errance 有两个可能的词源：① iterare（中古拉丁语，意为旅行，尤其指骑士从一个国家到另一个国家的冒险旅行）；② errare（中古拉丁语）。根据《利特雷词典》（Le Littré）的解释，第二个词源可有两种含义：①在冒险中无目的地到处走；②犯错，持有一个错误的观点。根据该词的不同含义，我们可以作出如下的结论：errance 一词同时具有经验维度上的含义（冒险旅行）[2]和真理维度上的含义（迷误）。我们在此提及该词，首先是因为巴迪欧此前在分析贝克特的诗歌时将它与无限性联系起来，更重要的是因为它通常被认为是追寻真理的道路上的阻碍物。

海德格尔在《论真理的本质》一文中提出了非真理

1　Alain Badiou, *L'Immanence des Vérités. L'être et l'événement 3, op. cit.*, p.236.

2　这也是中译普遍将该词处理为"流浪""游荡"等的原因。

（Un-wahrheit）的概念，并把迷误同遮蔽一道作为产生非真理的缘由："迷误是原初的真理之本质的本质性的反本质（Gegenwesen）。迷误公开自身为本质性真理的每一个对立面的敞开域。迷误（Irre）乃错误（Irrtum）的敞开之所和根据。"[1]然而，迷误并非完全是人在解蔽时所犯下的错误（对真理的遮蔽），它能够为人敞开某种可能性："这是一种人能够从绽出之生存中获得的可能性，那就是：人通过经验迷误本身，并且在此之在的神秘那里不出差错，人就可能不让自己误入歧途。"[2]因此，不同于因存在之遗忘而产生的遮蔽，迷误总是已经以某种方式处在解蔽的过程之中了。然而，这一追问过程指向真理的本质中更加原初的状态，人却无法把握不断涌现的存在者及其整体，才会陷入迷误之中。海德格尔所谓的真理的本质之中的原初状态便是深邃的自由（Abgrund der Freiheit），它只能位于自由的起始处，是处在敞开领域的原初自由。总之，在海德格尔那里，迷误是始终指向此在之敞开状态的。

1　马丁·海德格尔：《海德格尔选集》，孙周兴选编，上海三联书店，1996，第 230 页。
2　同上，第 231 页。

德里达无疑是在海德格尔的深刻影响下才于 1968 年提出了"延异"（différance）的思想，他将延异描述为一种冒险，因为"它最终是没有最终性的策略，我们可以称之为盲目的策略，经验的迷误（errance）"[1]。德里达在此处似乎抛弃了真理，因此，延异的本质并不存在。延异并不探寻真理的迷误，它处在所有存在之思的外部，进而在语言的外部为思想打开无限的可能性。德里达在《延异》的结束部分所提出的问题也是其最好的答案："延异之'非'（dis-）难道不是把我们遣送至存在之历史的外部，直至我们的语言之外部，以及一切能够在语言中被命名之物的外部吗？它难道不是在存在之语言中召唤一种全然不同的语言来对这一语言施加一种必然暴力的改造吗？"[2]

巴迪欧似乎处在海德格尔与德里达之间，他相信迷误始终指向真理，而非真理的对面，但他也接受德里达从解构语言出发而获得无限性的道路。

巴迪欧在本小册子中为我们讲述了葛兰西的生平：一位

1　Jacques Derrida, *Marges de la philosophie* (Paris: Minuit, 1972), p.7.

2　*Ibid.*, p.26.

处在"三重流放"之中的异乡人。在历史（当然也包括语言的历史）上，流放（exil）是流浪（errance）最常见的形式。早在《旧约》中，该隐就因为杀死了兄弟亚伯而被上帝惩戒，成为第一位被流放者，从此在大地上流浪。帕索里尼用诗歌向葛兰西致敬，同时也被生活的消散、历史的崩塌撕裂。在葛兰西的三重流放中，帕索里尼认识到生活的迷失和诚实的信仰的缺失，而不论是生活的迷失，还是诚实的信仰的缺失，都是真理的缺失，因为在此处，"真理（vérité）这个词能够代替'真实'（réel）这个词出现。当帕索里尼谈到诚实的信仰的缺失时，他并非意指通常意义上的信仰。'诚实的信仰'（religion véridique）仅仅表示对于可能的真理的信念（la conviction qu'une vérité est possible）"[1]。

我们似乎可以说，我们同帕索里尼一道，都处在某种双重的流放之中：首先是为了追寻消失的真实而进行的激情的冒险旅程，其次是面对真理时因迷误而踟蹰不前。然而，这一切并非完全被否定性占据，冒险与迷误实际上具有强大的肯定性的力量，因为它们是无限可能的要求。

1　参见本书第 60 页。

***

作为译者，我深切体会到就巴迪欧的著作写些文字的困难。实在是因为真实概念能够触及的问题太多，所以我在写作此文的过程中不得不有所舍弃，只能将一些重要的问题寥寥几笔带过，很可能在某些地方并未将问题真正地厘清。暂且就把此文当作梳理巴迪欧哲学中真实问题的一次尝试吧。

巴黎第八大学是巴迪欧曾经教学与研究的地方，也是法国出现被弗里德里克·沃尔姆斯（Frédéric Worms）称作"哲学的时刻"（moment philosophique）的重要场所：德勒兹、加塔利、利奥塔、西苏、巴迪欧等人都为曾经的"万森纳实验中心"注入过活力，并持续影响着法国的思想界。也是在巴黎第八大学求学期间，我才更加系统地认识了"法国理论"，并深受影响，这其中当然包括巴迪欧其人其思。

在此，特向在翻译过程中给我提出了珍贵意见的师友致谢。

À la recherche du réel perdu, by Alain Badiou, ISBN: 9782213685977

Copyright © Librairie Arthème Fayard, 2015

Current Chinese translation rights arranged through Divas International, Paris

巴黎迪法国际版权代理（www.divas-books.com）

Simplified Chinese translation copyright © 2019 by Chongqing Yuanyang Culture & Press Ltd.

All rights reserved.

版贸核渝字（2016）第 067 号

图书在版编目(CIP)数据

追寻消失的真实 / （法）阿兰·巴迪欧（Alain Badiou）著；
宋德超译.— 南宁：广西人民出版社，2020.6
（人文丛书）
ISBN 978-7-219-10948-9

Ⅰ.①追… Ⅱ.①阿…②宋… Ⅲ.①马克思主义哲
学—发展—研究—法国 Ⅳ.①B565.5

中国版本图书馆CIP数据核字（2019）第293112号

拜德雅·人文丛书

追寻消失的真实

ZHUIXUN XIAOSHI DE ZHENSHI

[法] 阿兰·巴迪欧　著

宋德超　译

出 版 人　温六零
特约策划　邹　荣　任绪军　　特约编辑　任绪军
执行策划　吴小龙　　　　　　责任编辑　许晓琰
责任校对　李亚伟　　　　　　书籍设计　左　旋

出版发行　广西人民出版社
社　　址　广西南宁市桂春路 6 号
邮　　编　530021
印　　刷　广西民族印刷包装集团有限公司
开　　本　787mm×1092mm 1/32
印　　张　4
字　　数　67 千
版　　次　2020 年 6 月第 1 版
印　　次　2020 年 6 月第 1 次印刷
书　　号　ISBN 978-7-219-10948-9
定　　价　38.00 元

（已出书目）